글쓴이의 말

읽고, 생각하고, 이해하는
과학 문해력의 첫걸음

'유전자 복제가 감자라고요?'

과학 잡지에 '뜨거운 감자로 떠오른 유전자 복제' 기사가 실렸습니다. 갑자기 웬 음식 이야기일까요?

뜨거운 감자는 너무 뜨거워서 손에 오래 들고 있을 수도, 바로 먹을 수도 없죠. 그래서 이 표현은 사람들이 쉽게 결론을 내리기 어려운 민감하고 복잡한 주제를 뜻해요. 유전자 복제에 대한 의견이 다양하고 찬반이 뚜렷해서, 마치 뜨거운 감자처럼 누구도 쉽게 다루기 어렵다는 의미랍니다.

'돌멩이가 감기에 걸린 거예요?'

뉴스에 '관광객으로 인해 몸살을 앓고 있는 현무암' 이야기가 나옵니다. 돌멩이가 진짜 아프기라도 한 걸까요?

여기서 '몸살을 앓다.'는 정말로 감기에 걸려 열이 난다는 뜻이 아니라, 그만큼 곤란하고 어려운 상황을 뜻해요. 많은 관광객이 현무암을 함부로 가져가다 보니, 마치 몸살에 걸린 것처럼 고통스럽고 힘든 상황에 처해 있다는 의미랍니다.

이 책은 이런 오해에서 출발했습니다. 나아가 오해를 바로잡고자 했습니다. 그래서 이 책, 어떻게 만들었냐고요?

우선 일상생활 속 상황을 담았습니다. 우리는 평소에 수많은 글을 읽고, 그 의미를 파악하며 살아갑니다. 그래서 이 책에는 교과서처럼 딱딱한 지문 대신 현실에서 마주칠 법한 상황을 담았습니다.

또 과학적 소재를 담았습니다. 과학은 실험하고 관찰하며 생각의 폭을 넓혀 가는 즐거운 과목이지만, 그 시작은 언제나 '읽기'입니다. 글을 제대로 이해하지 못하면 실험은 그저 따라 하기 바쁜 지루한 활동이 되고, 과학 개념은 머릿속에 제대로 자리 잡지 못하게 됩니다. 그래서 이 책에는 과학과 관련된 다양한 읽기 소재를 담았습니다.

문해력은 단순히 글자를 읽는 능력을 넘어, 세상의 정보를 받아들이고 비판적으로 사고하며 자신만의 생각을 펼쳐 나가는 힘입니다. 과학이라는 낯설고도 흥미로운 세계를 여러분이 더 잘 이해하고 탐구할 수 있도록, 이 책이 든든한 디딤돌이 되어 주길 바랍니다.

어린이 여러분, 모두 책장을 넘길 준비가 되었나요? 이제 읽고, 이해하며, 과학에 한 걸음 가까이 다가갈 시간입니다!

박소연

이 책의 특징

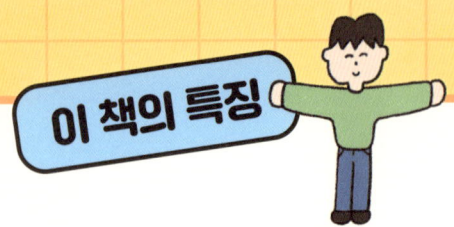

《똑똑한 과학 문해력》, 알고 보면 더 재미있어요. 이 책의 특징을 구석구석 살펴보고 제대로 즐겨 보세요. 문해력이 쑥쑥 자랄 거예요.

책, 가정 통신문, 신문 기사, 안내문 등 우리가 생활 속에서 자주 만나는 글들로 문해력을 키울 수 있어요.

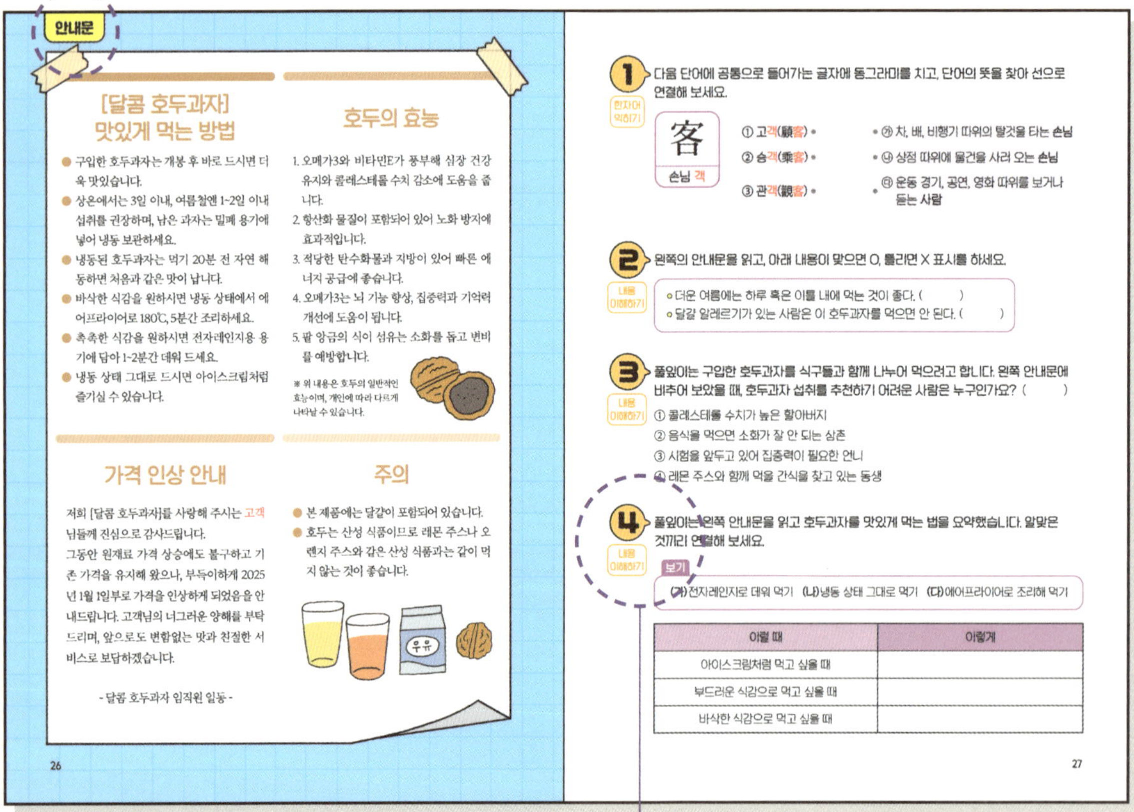

안내문

[달콤 호두과자] 맛있게 먹는 방법

- 구입한 호두과자는 개봉 후 바로 드시면 더욱 맛있습니다.
- 상온에서는 3일 이내, 여름철엔 1~2일 이내 섭취를 권장하며, 남은 과자는 밀폐 용기에 넣어 냉동 보관하세요.
- 냉동된 호두과자는 먹기 20분 전 자연 해동하면 처음과 같은 맛이 납니다.
- 바삭한 식감을 원하시면 냉동 상태에서 에어프라이어로 180℃, 5분간 조리하세요.
- 촉촉한 식감을 원하시면 전자레인지용 용기에 담아 1~2분간 데워 드세요.
- 냉동 상태 그대로 드시면 아이스크림처럼 즐기실 수 있습니다.

호두의 효능

1. 오메가3와 비타민E가 풍부해 심장 건강 유지와 콜레스테롤 수치 감소에 도움을 줍니다.
2. 항산화 물질이 포함되어 있어 노화 방지에 효과적입니다.
3. 적당한 탄수화물과 지방이 있어 빠른 에너지 공급에 좋습니다.
4. 오메가3는 뇌 기능 향상, 집중력과 기억력 개선에 도움이 됩니다.
5. 팔 앙금의 식이 섬유는 소화를 돕고 변비를 예방합니다.

※ 위 내용은 호두의 일반적인 효능이며, 개인에 따라 다르게 나타날 수 있습니다.

가격 인상 안내

저희 [달콤 호두과자]를 사랑해 주시는 고객님들께 진심으로 감사드립니다.
그동안 원재료 가격 상승에도 불구하고 기존 가격을 유지해 왔으나, 부득이하게 2025년 1월 1일부로 가격을 인상하게 되었음을 안내드립니다. 고객님의 너그러운 양해를 부탁드리며, 앞으로도 변함없는 맛과 친절한 서비스로 보답하겠습니다.

- 달콤 호두과자 임직원 일동 -

주의

- 본 제품에는 달걀이 포함되어 있습니다.
- 호두는 산성 식품이므로 레몬 주스나 오렌지 주스와 같은 산성 식품과는 같이 먹지 않는 것이 좋습니다.

우유

26

1 다음 단어에 공통으로 들어가는 글자에 동그라미를 치고, 단어의 뜻을 찾아 선으로 연결해 보세요.

한자어 익히기

客 손님 객

① 고객(顧客) • • ㉮ 차, 배, 비행기 따위의 탈것을 타는 손님
② 승객(乘客) • • ㉯ 상점 따위에 물건을 사러 오는 손님
③ 관객(觀客) • • ㉰ 운동 경기, 공연, 영화 따위를 보거나 듣는 사람

2 왼쪽의 안내문을 읽고, 아래 내용이 맞으면 O, 틀리면 X 표시를 하세요.

내용 이해하기

- 더운 여름에는 하루 혹은 이틀 내에 먹는 것이 좋다. (　　)
- 달걀 알레르기가 있는 사람은 이 호두과자를 먹으면 안 된다. (　　)

3 풀잎이는 구입한 호두과자를 식구들과 함께 나누어 먹으려고 합니다. 왼쪽 안내문에 비추어 보았을 때, 호두과자 섭취를 추천하기 어려운 사람은 누구인가요? (　　)

내용 이해하기

① 콜레스테롤 수치가 높은 할아버지
② 음식을 먹으면 소화가 잘 안 되는 삼촌
③ 시험을 앞두고 있어 집중력이 필요한 언니
④ 레몬 주스와 함께 먹을 간식을 찾고 있는 동생

4 풀잎이는 왼쪽 안내문을 읽고 호두과자를 맛있게 먹는 법을 요약했습니다. 알맞은 것끼리 연결해 보세요.

내용 이해하기

보기
(가) 전자레인지로 데워 먹기 (나) 냉동 상태 그대로 먹기 (다) 에어프라이어로 조리해 먹기

이럴 때	이렇게
아이스크림처럼 먹고 싶을 때	
부드러운 식감으로 먹고 싶을 때	
바삭한 식감으로 먹고 싶을 때	

27

문제들은 한자어 익히기, 내용 이해하기, 어휘 알기, 적용하기 등 여러 가지 영역을 골고루 공부할 수 있도록 구성되어 있어서, 문해력을 튼튼하게 키울 수 있어요.

학교나 집, 사회에서 볼 수 있는 다양한 주제의 글을 읽으며 문해력을 높일 수 있어요.

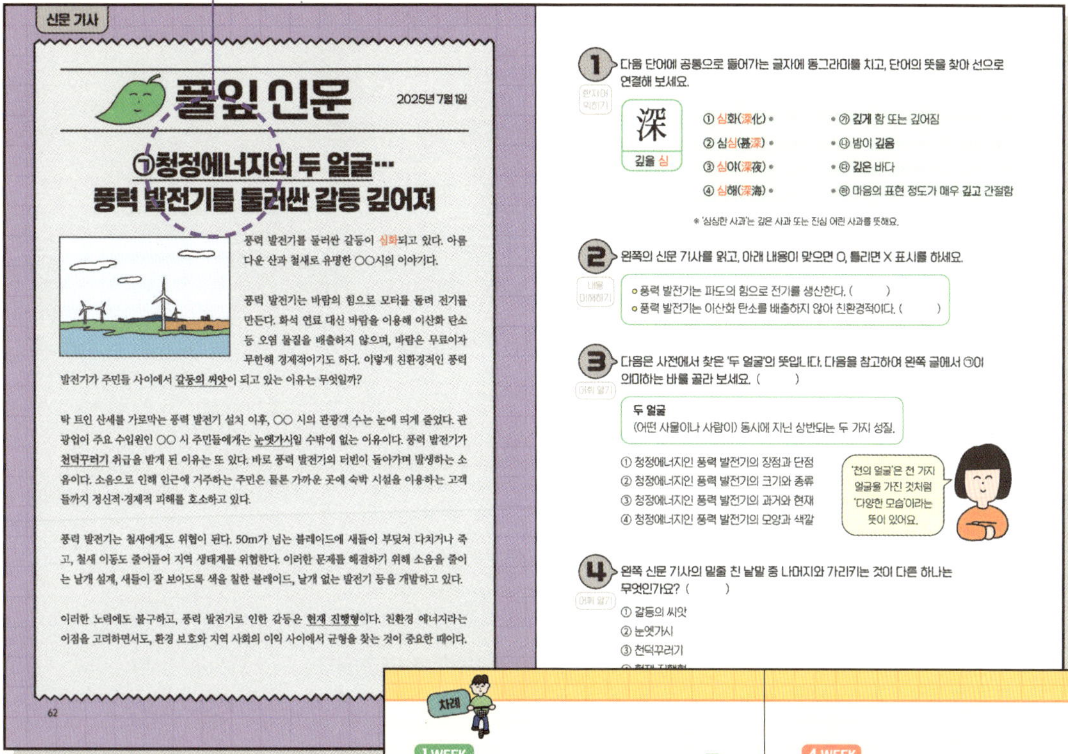
신문 기사

풀잎 신문

2025년 7월 1일

㉠청정에너지의 두 얼굴… 풍력 발전기를 둘러싼 갈등 깊어져

풍력 발전기를 둘러싼 갈등이 심화되고 있다. 아름다운 산과 철새로 유명한 OO시의 이야기다.

풍력 발전기는 바람의 힘으로 모터를 돌려 전기를 만든다. 화석 연료 대신 바람을 이용해 이산화 탄소 등 오염 물질을 배출하지 않으며, 바람은 무료이자 무한해 경제적이기도 하다. 이렇게 친환경적인 풍력 발전기가 주민들 사이에서 갈등의 씨앗이 되고 있는 이유는 무엇일까?

탁 트인 산새를 가로막는 풍력 발전기 설치 이후, OO 시의 관광객 수는 눈에 띄게 줄었다. 관광업이 주요 수입원인 OO 시 주민들에게는 눈엣가시일 수밖에 없는 이유이다. 풍력 발전기가 천덕꾸러기 취급을 받게 된 이유는 또 있다. 바로 풍력 발전기의 터빈이 돌아가며 발생하는 소음이다. 소음으로 인해 인근에 거주하는 주민은 물론 가까운 곳에 숙박 시설을 이용하는 고객들까지 정신적·경제적 피해를 호소하고 있다.

풍력 발전기는 철새에게도 위협이 된다. 50m가 넘는 블레이드에 새들이 부딪쳐 다치거나 죽고, 철새 이동도 줄어들어 지역 생태계를 위협한다. 이러한 문제를 해결하기 위해 소음을 줄이는 날개 설계, 새들이 잘 보이도록 색을 칠한 블레이드, 날개 없는 발전기 등을 개발하고 있다.

이러한 노력에도 불구하고, 풍력 발전기로 인한 갈등은 현재 진행형이다. 친환경 에너지라는 이점을 고려하면서도, 환경 보호와 지역 사회의 이익 사이에서 균형을 찾는 것이 중요한 때이다.

62

1 다음 단어에 공통으로 들어가는 글자에 동그라미를 치고, 단어의 뜻을 찾아 선으로 연결해 보세요.

深 깊을 심

① 심화(深化) • ㉮ 깊게 함 또는 깊어짐
② 심심(甚深) • ㉯ 밤이 깊음
③ 심야(深夜) • ㉰ 깊은 바다
④ 심해(深海) • ㉱ 마음의 표현 정도가 매우 깊고 간절함

* '심심한 사과'는 깊은 사과 또는 진심 어린 사과를 뜻해요.

2 왼쪽의 신문 기사를 읽고, 아래 내용이 맞으면 O, 틀리면 X 표시를 하세요.

- 풍력 발전기는 파도의 힘으로 전기를 생산한다. ( )
- 풍력 발전기는 이산화 탄소를 배출하지 않아 친환경적이다. ( )

3 다음은 사전에서 찾은 '두 얼굴'의 뜻입니다. 다음을 참고하여 왼쪽 글에서 ㉠이 의미하는 바를 골라 보세요. ( )

두 얼굴
(어떤 사물이나 사람이) 동시에 지닌 상반되는 두 가지 성질.

① 청정에너지인 풍력 발전기의 장점과 단점
② 청정에너지인 풍력 발전기의 크기와 종류
③ 청정에너지인 풍력 발전기의 과거와 현재
④ 청정에너지인 풍력 발전기의 모양과 색깔

'천의 얼굴'은 천 가지 얼굴을 가진 것처럼 '다양한 모습'이라는 뜻이 있어요.

4 왼쪽 신문 기사의 밑줄 친 낱말 중 나머지와 가리키는 것이 다른 하나는 무엇인가요? ( )

① 갈등의 씨앗
② 눈엣가시
③ 천덕꾸러기

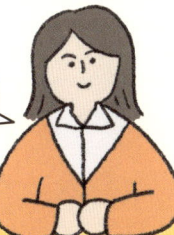

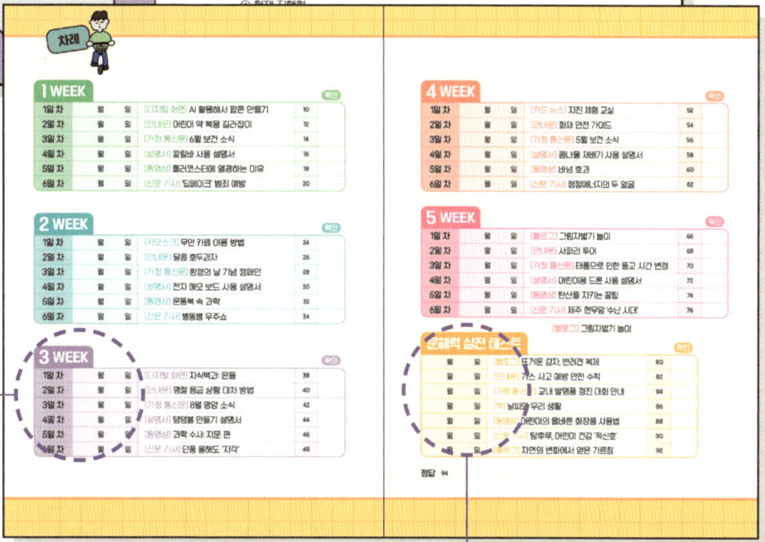
차례

1 WEEK · 2 WEEK · 3 WEEK · 4 WEEK · 5 WEEK · 문해력 실전 테스트

정답 94

5주 동안 매일 계획을 세워 스스로 공부할 수 있어요.

공부를 마친 후 실전 테스트를 통해 학습 효과를 점검할 수 있어요.

초등학교 선생님들이 직접 만들어서, 여러분의 눈높이에 꼭 맞게 구성되어 있어요.

차례

1 WEEK 확인

1일 차	월	일	[디지털 화면] AI 활용해서 팝콘 만들기	10	
2일 차	월	일	[안내문] 어린이 약 복용 길라잡이	12	
3일 차	월	일	[가정 통신문] 6월 보건 소식 : 모기	14	
4일 차	월	일	[설명서] 칼림바 사용 설명서	16	
5일 차	월	일	[동영상] 롤러코스터에 열광하는 이유	18	
6일 차	월	일	[신문 기사] '딥페이크' 범죄 예방	20	

2 WEEK 확인

1일 차	월	일	[키오스크] 무인 카페 이용 방법	24	
2일 차	월	일	[안내문] 달콤 호두과자	26	
3일 차	월	일	[가정 통신문] 환경의 날 기념 캠페인	28	
4일 차	월	일	[설명서] 전자 메모 보드 사용 설명서	30	
5일 차	월	일	[동영상] 운동복 속 과학	32	
6일 차	월	일	[신문 기사] 별똥별 우주쇼	34	

3 WEEK 확인

1일 차	월	일	[디지털 화면] 지식백과: 온돌	38	
2일 차	월	일	[안내문] 명절 응급 상황 대처 방법	40	
3일 차	월	일	[가정 통신문] 8월 영양 소식 : 전자레인지	42	
4일 차	월	일	[설명서] 탱탱볼 만들기 설명서	44	
5일 차	월	일	[동영상] 과학 수사: 지문 편	46	
6일 차	월	일	[신문 기사] 단풍 올해도 '지각'	48	

4 WEEK
확인

1일 차	월	일	[카드 뉴스] 지진 체험 교실	52	
2일 차	월	일	[안내문] 화재 안전 가이드	54	
3일 차	월	일	[가정 통신문] 5월 보건 소식 : 손 씻기	56	
4일 차	월	일	[설명서] 콩나물 재배기 사용 설명서	58	
5일 차	월	일	[동영상] 바넘 효과	60	
6일 차	월	일	[신문 기사] 청정에너지의 두 얼굴	62	

5 WEEK
확인

1일 차	월	일	[블로그] 그림자밟기 놀이	66	
2일 차	월	일	[안내문] 사파리 투어	68	
3일 차	월	일	[가정 통신문] 태풍으로 인한 등교 시간 변경	70	
4일 차	월	일	[설명서] 어린이용 드론 사용 설명서	72	
5일 차	월	일	[동영상] 탄산을 지키는 꿀팁	74	
6일 차	월	일	[신문 기사] 제주 현무암 '수난 시대'	76	

문해력 실전 테스트
확인

월	일	[블로그] 뜨거운 감자, 반려견 복제	80	
월	일	[안내문] 가스 사고 예방 안전 수칙	82	
월	일	[가정 통신문] 교내 발명품 경진 대회 안내	84	
월	일	[책] 날씨와 우리 생활	86	
월	일	[동영상] 어린이의 올바른 화장품 사용법	88	
월	일	[신문 기사] 탕후루, 어린이 건강 '적신호'	90	
월	일	[블로그] 자연의 변화에서 얻은 가르침	92	

정답 94

디지털 화면

chat GPT

> 집에서 프라이팬으로 팝콘 만드는 법 알려 줘.

1. 프라이팬과 뚜껑을 준비합니다.
2. 팬에 기름을 2큰술 넣고 옥수수 알갱이를 바닥에 깔릴 정도로 넣습니다.
3. 중불로 유지하고 팝콘이 터지기 시작하면 팬을 가끔 흔들어 줍니다.
4. 팝콘이 터지는 소리가 점점 줄어들면, 불을 끕니다.
5. 뜨거울 때 소금을 추가하여 골고루 섞어 줍니다.

> 2큰술이 얼마큼이야?

2큰술은 부피로는 30㎖, 밥숟가락 기준으로는 가득 2번, 종이컵 기준으로는 약 1/5컵입니다.

> 팝콘이 만들어지는 원리는 뭐야?

팝콘이 만들어지는 데에는 압력과 부피에 관한 과학적 원리가 숨어 있습니다.
옥수수를 가열하면 알갱이 속 수분이 수증기로 변해 팽창합니다.
기체인 수증기는 액체인 물보다 부피가 훨씬 크기 때문에
옥수수 겉면이 늘어난 부피와 압력을 견디지 못하고 '뻥' 하고 터지게 됩니다.

> ㉠

1. 과다한 양: 옥수수를 너무 많이 넣으면 넘치거나 탈 수 있습니다.
2. 안전한 조리: 팝콘이 튈 수 있으니 뚜껑은 꼭 덮어 주세요.

 **1** 다음 단어에 공통으로 들어가는 글자에 동그라미를 치고, 단어의 뜻을 찾아 선으로 연결해 보세요.

한자어 익히기

더할 가

① 추가(追加) •
② 가공(加工) •
③ 가감(加減) •

• ㉮ **덧셈**과 뺄셈을 아울러 이르는 말
• ㉯ 나중에 **더하여** 보탬
• ㉰ 자연물이나 반제품에 인공을 **더하여** 새로운 제품을 만들거나 제품의 질을 높임

 **2** 왼쪽의 디지털 화면을 보고, 아래 내용이 맞으면 O, 틀리면 X 표시를 하세요.

내용 이해하기

- 액체인 물은 기체인 수증기보다 부피가 크다. (   )
- 팝콘을 만들 때 기름은 밥숟가락으로 2번 넣으면 된다. (   )

 **3** 왼쪽 디지털 화면의 ㉠에 들어갈 문장으로 가장 적절한 것을 골라 보세요. (   )

추론하기

① 팝콘을 만들 때 시간은 얼마나 걸려?
② 팝콘의 여러 가지 종류에 대해 알려 줘.
③ 팝콘을 만들 때 주의할 점도 궁금해.
④ 팝콘 만드는 순서를 알려 줘.

 **4** 풀잎이는 친구들과 함께 AI가 알려 준 방법으로 팝콘을 만들었습니다. 왼쪽 디지털 화면의 내용을 제대로 이해하지 <u>못한</u> 사람은 누구인가요? (   )

적용하기

① 희원: 팝콘이 타지 않도록 옥수수 알갱이가 터지기 시작하면 불을 꺼야 해.
② 은후: 뜨거울 때 소금을 추가해야 하는 이유는 무엇일까?
③ 재원: 옥수수 알갱이에 구멍을 뚫으면 수증기가 빠져나가 팝콘처럼 터지지 않겠네.
④ 유진: 안전을 위해 프라이팬 뚜껑을 꼭 준비해야겠다.

안내문

어린이 약 복용 길라잡이

어린이 약 복용 시 주의하세요!

◇ 약을 먹기 전 용법과 용량 등 주의 사항을 반드시 확인하세요.
◇ 유통 기한이 지난 약은 가까운 약국에 있는 폐의약품 수거함에 버리세요.
◇ 약은 복용 권장 시간에 맞춰 규칙적으로 복용하세요.
◇ 약 복용 시간을 놓친 경우, 다음 약 시간이 4시간 이상 남았다면 즉시 복용합니다.

어린이는 작은 어른이 아닙니다

약물의 용법과 용량은 몸무게, 신장 기능, 간 기능에 영향을 받습니다.
어린이는 간과 콩팥의 기능이 미숙하기 때문에, 양을 조절하더라도 성인용 약을 복용하면 효과나 부작용이 다를 수 있습니다.
특히 해열제는 정해진 용량보다 많이 복용하면 간 손상이나 위 자극을 일으킬 수 있으므로 주의해야 합니다.

약을 먹으면 몸에서는 어떤 일이 일어날까요?

우리 몸에 들어간 약은 식도를 지나 위와 장에서 분해·흡수된 후, 혈액을 통해 온몸으로 퍼져 약효를 나타냅니다. 역할을 마친 약은 소변, 대변, 땀 등을 통해 배출됩니다.
이처럼 일정한 과정을 거치기 때문에, 일반적으로는 복용 후 15~30분 정도 지나야 효과가 나타납니다.
따라서 효과가 없다고 느껴도 추가로 약을 복용하는 행동은 삼가야 합니다.

 다음 단어에 공통으로 들어가는 글자에 동그라미를 치고, 단어의 뜻을 찾아 선으로 연결해 보세요.

한자어 익히기

나갈 출

① 배출(排出) •
② 지출(支出) •
③ 출발(出發) •

• ㉮ 어떤 목적을 위하여 돈을 **지급함**
• ㉯ 목적지를 향하여 **나아감**
• ㉰ 안에서 밖으로 밀어 **내보냄**

 왼쪽의 안내문을 읽고, 아래 내용이 맞으면 O, 틀리면 X 표시를 하세요.

내용 이해하기

○ 약의 유통 기한이 지났을 경우 먹지 말고 일반 쓰레기로 버려야 한다. (   )
○ 약을 복용하고 10분 뒤 효과가 나타나지 않으면 한 번 더 복용한다. (   )

 다음은 우리가 먹은 약이 우리 몸속에서 하는 일을 나타낸 것입니다. 순서대로 나열해 보세요. (-   -   -   )

내용 이해하기

① 흡수   ② 복용   ③ 배출   ④ 작용

 풀잎이와 언니는 감기에 걸렸습니다. 오른쪽의 어린이 해열제를 먹으려고 할 때, 올바른 복용 방법을 고르세요. (   )

적용하기

① 감기가 빨리 낫도록 정해진 양의 2배를 먹어야지.

③ 해열제가 없잖아? 대신 엄마가 드시던 감기약을 먹어야겠다.

풀잎
(만 9세, 35kg)

풀잎 언니
(만 10세, 39kg)

② 약 먹는 걸 깜빡했네. 다음 약 2시간 전이니까 지금이라도 먹으면 돼.

④ 한 번에 15ml를 먹어야겠어.

건강한 어린이 현탁액 해열·진통제

[용법·용량]
• 만 12세 이하 소아: 다음 1회 권장 용량을 4~6시간마다 필요시 복용
• 1일 5회 초과 복용해서는 안 되며, 몸무게에 따른 용량으로 복용이 더 적절

연령	몸무게	1회 권장량
4~6개월	7~7.9kg	2.5mL
7~23개월	8~11.9kg	3.5mL
만 2~3세	12~15.9kg	5mL
만 4~6세	16~22.9kg	7.5mL
만 7~8세	23~29.9kg	10mL
만 9~10세	30~37.9kg	12.5mL
만 11세	38~42.9kg	15mL
만 12세	43kg 이상	20mL

가정 통신문

6월 보건 소식
㉠여름철 불청객, 모기에 대한 모든 것

모기는 원래 꿀을 먹는다?

모기는 평소 식물의 즙이나 꿀을 먹습니다. 하지만 알을 낳을 때가 된 암컷 모기는 단백질과 철분을 얻기 위해 사람의 피를 먹습니다.

유독 모기에 잘 물리는 사람이 있다?

같이 있어도 유난히 모기에 잘 물리는 사람이 있습니다. 모기는 사람이 내뿜는 이산화탄소 농도와 땀 냄새를 감지합니다. 운동선수, 임산부, 어린이처럼 신진대사량이 많은 사람은 모기에 물리기 쉽습니다.

모기에 물린 곳이 간지러운 이유는?

모기는 피를 빨 때 피부에 뾰족한 주둥이를 찌르며, 피가 굳는 것을 막기 위해 히루딘이라는 물질을 주입합니다. 이 물질 때문에 면역 반응이 일어나 가려움을 느끼게 되며, 이 과정에서 말라리아 같은 질병이 전염되기도 합니다.

모기가 좋아하는 색깔이 있다?

모기는 빨간색, 검정색 등은 잘 보지 못하기 때문에 위협을 느끼지 않고 쉽게 다가옵니다. 반면 노란색이나 초록색 등은 잘 보이기 때문에 자신이 노출된다고 느껴서 가까이 오지 않습니다. 따라서 밝은색 옷을 입는 것이 모기를 피하는 데 도움이 됩니다.

모기에 물렸다면?

물린 곳이 ㉡간지럽다고 긁으면 가려움이 더 심해질 수 있습니다. 찬물로 씻거나 얼음을 대면 혈관이 수축해 가려움과 붓기가 줄어듭니다. 특히 침을 바르면 손이나 입안의 세균 때문에 감염될 수 있으므로 절대 피해야 합니다.

2025. 6. 2. 풀잎초등학교장

 다음 단어에 공통으로 들어가는 글자에 동그라미를 치고, 단어의 뜻을 찾아 선으로 연결해 보세요.

① 혈관(血管) •   • ㉮ 자신의 **피**를 다른 사람에게 뽑아 주는 것

② 헌혈(獻血) •   • ㉯ 심장에서 **피**를 밀어 낼 때 혈관 내에 생기는 압력

③ 혈압(血壓) •   • ㉰ **피**가 흐르는 관

 왼쪽의 가정 통신문을 읽고, 아래 내용이 맞으면 O, 틀리면 X 표시를 하세요.

- 사람의 피를 빠는 것은 수컷 모기이다. (   )
- 모기에 물리지 않기 위해서는 되도록 밝은색의 옷을 입는 것이 좋다. (   )

 다음을 보고 빈칸에 들어갈 말로 가장 알맞은 것을 고르세요. (   )

不 請 客
아닐 불 청할 청 손님 객

불청객이란 청하지 않은 손님, 다시 말해 초대하지 않은 손님이라는 뜻이에요. 따라서 왼쪽 가정 통신문의 ㉠에서 '모기'는 여름이면 저절로 찾아오지만, 사람들에게는 _____ 존재라는 뜻이에요.

① 엉뚱하고 시끄러운
② 자주 찾아오는
③ 귀찮고 성가신
④ 친근하고 반가운

 가정 통신문 속 ㉡의 상황을 표현하기에 가장 적절한 것은 무엇인가요? (   )

① 불난 집에 부채질
② 꿩 대신 닭
③ 물 만난 물고기
④ 새 발의 피

칼림바 사용 설명서

저희 칼림바를 구매해 주셔서 감사합니다. 칼림바는 연주법이 간단해 초보자도 쉽게 배울 수 있습니다. 즐거운 연주를 위해 사용 전 아래 내용을 꼭 읽어 주세요.

○ **연주 방법:** 몸체를 양손으로 잡고, 엄지손가락으로 키를 튕겨 소리를 냅니다. 이때 손가락으로 부드럽게 쓸어내리듯 연주하고, 손톱이 키의 끝에 살짝 닿는 것이 좋습니다. 처음부터 손톱 끝으로 키를 세게 누르지 마세요. 칼림바 뒷면의 구멍을 막았다 열면 비브라토 기법으로 연주할 수 있습니다.

○ **관리 방법:** 칼림바를 보관할 때의 적정 습도는 30~60%입니다. 금속 키는 변색을 막기 위해 사용 후 부드러운 천으로 닦아 주세요.

○ **조율 방법:** 조율을 위해서는 튜닝기 또는 튜닝 앱을 사용하세요. 음이 높을 때는 해머로 키의 상단을 두드려 키의 길이를 늘려 줍니다. 음이 낮을 때에는 해머로 키 하단을 두드려 키의 길이를 줄여 줍니다. 조율 중인 키와 인접한 키가 동시에 울리면 완벽한 조율이 어려울 수 있습니다. ㉠ 튜닝 중에는 양옆에 있는 키를 손가락으로 눌러 주면 좋습니다.

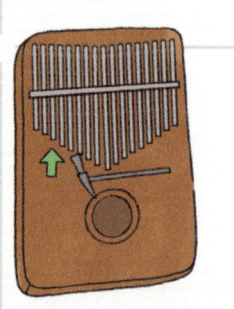

○ **칼림바의 과학적 원리:** 손가락으로 키를 눌러 진동을 만들고, 이 진동이 몸체를 통해 공명하며 소리를 냅니다. 음판이 길면 천천히 진동해 낮은 소리가 나고, 짧으면 빠르게 진동해 높은 소리가 납니다.

○ **구입 및 AS 문의**
☎ 031-000-0000 / 운영 시간: 평일 9~6시 / 휴무: 토·일요일 및 공휴일

 다음 단어에 공통으로 들어가는 글자에 동그라미를 치고, 단어의 뜻을 찾아 선으로 연결해 보세요.

한자어 익히기

윗 상

① 상단(上段) • • ㉮ 윗사람이 앉는 자리
② 상석(上席) • • ㉯ 돌아간 어버이 위의 어른
③ 조상(祖上) • • ㉰ 윗부분

 왼쪽의 설명서를 읽고, 아래 내용이 맞으면 O, 틀리면 X 표시를 하세요.

내용 이해하기

- 손가락이 아닌 손톱 끝으로 힘차게 눌러 연주한다. (   )
- 칼림바 조율을 위해서는 튜닝 애플리케이션과 해머가 필요하다. (   )

 왼쪽 설명서의 ㉠에 들어갈 낱말로 가장 적절한 것은 무엇인가요? (   )

추론하기

① 그러므로
② 그리고
③ 하지만
④ 왜냐하면

 풀잎이는 칼림바 연주 전, 설명서에 따라 칼림바를 조율하려고 합니다. 상황에 알맞은 단어를 찾아 O표 해 보세요.

적용하기

음이 낮음 ➡ 해머로 키 [상단 / 하단] 을 두드림
➡ 키의 길이가 [길어짐 / 짧아짐]
➡ [천천히 / 빠르게] 진동함 ➡ 음이 높아짐

17

 **1** 다음 단어에 공통으로 들어가는 글자에 동그라미를 치고, 단어의 뜻을 찾아 선으로 연결해 보세요.

한자어 익히기

視
볼 시

① 시야(視野) •
② 시청(視聽) •
③ 주시(注視) •

• ㉮ 주의하여 눈여겨 **봄**
• ㉯ 눈으로 **보고** 귀로 들음
• ㉰ **볼** 수 있는 범위

 **2** 왼쪽의 동영상을 보고 아래 내용이 맞으면 O, 틀리면 X 표시를 하세요.

내용 이해하기

- 아드레날린은 위기 상황을 침착하게 넘길 수 있도록 심장을 천천히 뛰게 한다. (   )
- 도파민은 행복 호르몬이라는 별명이 있다. (   )

 **3** 다음 단어들의 관계와 비슷한 관계에 있는 것은 무엇인가요? (   )

어휘 알기

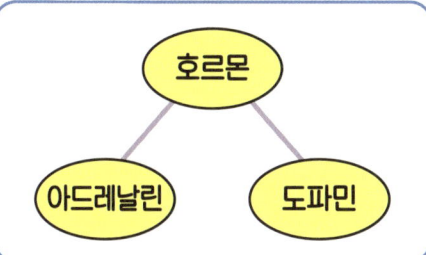

① 코끼리, 사자, 토끼
② 친구, 동무, 짝
③ 읽다, 쓰다, 지우다
④ 계절, 봄, 여름

 **4** 풀잎이는 왼쪽 동영상을 보고 아드레날린에 대해 더 검색해 보았습니다. 밑줄 친 내용을 보고 떠올린 사자성어로 가장 적절한 것은 무엇인가요? (   )

적용하기

<u>아드레날린은 위기 상황에서 우리를 돕는 중요한 호르몬입니다.
하지만 필요 이상으로 분비되면 오히려 피로와 스트레스를 유발합니다.</u>

그렇다면 아드레날린을 현명하게 조절하는 방법은 무엇일까요?
첫째, 자극적인 취미는 적당히 즐기기: 영화, 게임, 격렬한 스포츠 등은 아드레날린을 분비시키므로 과하게 몰입하면 심한 피로감을 느낄 수 있습니다.
둘째, 잠들기 전 격렬한 운동 피하기: 운동은 스트레스 해소에 도움이 되지만, 자기 전 격한 운동은 오히려 숙면을 방해합니다. 대신 가벼운 스트레칭으로 몸과 마음을 풀어 주세요.

① 과유불급   ② 조삼모사   ③ 청출어람   ④ 일석이조

신문 기사

2025년 3월 3일

'딥페이크' 범죄 예방?
SNS 프로필부터 점검하세요!

**SNS 프로필 사진, 사기·협박 범죄에 악용될 수 있어
전문가 'SNS에 개인 정보 함부로 노출하지 말아야'**

20대 여성 박모 씨는 최근 SNS 프로필 사진을 삭제했다. 자신의 얼굴 사진이 딥페이크 범죄에 악용될까 두려웠기 때문이다.
지난해 9월에는 딥페이크 기술을 이용한 협박 사건도 발생했다. 50대 남성 정모 씨는 외국 여행 중인 딸이 감금된 듯한 가짜 영상을 받았다. 상대방은 돈을 요구했지만 영상은 가짜였다.
딥페이크란 인공 지능 기술인 '딥러닝(Deep Learning)'과 '가짜(Fake)'의 합성어로 실제처럼 보이는 가짜 사진이나 영상을 만드는 기술이다.

딥페이크로 인한 피해를 예방하기 위해서는 어떻게 해야 할까?
첫째, 콘텐츠의 출처를 확인한다. 신뢰할 수 있는 경로인지 살펴 콘텐츠의 진위 여부를 판단한다.
둘째, SNS에 개인 정보 공개를 최소화한다. 얼굴 사진, 이름, 연락처 등은 딥페이크 범죄에 악용될 수 있으므로 최소한의 정보만 올리는 것이 안전하다.

딥페이크로 피해를 입었을 경우에는 어떻게 대응해야 할까?
우선 딥페이크 콘텐츠를 캡처하여 증거를 확보한다. 또, 딥페이크에 사용된 원본 사진을 확보하고 수사 기관에 즉시 신고한다. 또한 관련 정보가 업로드 되어 있는 각종 SNS를 비공개로 전환하여 추가 피해가 발생하지 않도록 한다.

<u>타인</u>의 사진이나 이름으로 딥페이크를 만드는 것은 장난이 아닌 범죄다.
내 가족이 피해자가 될 수 있다는 생각으로, 딥페이크 범죄 예방에 모두의 관심을 가져야 할 때이다.

 다음 단어에 공통으로 들어가는 글자에 동그라미를 치고, 단어의 뜻을 찾아 선으로 연결해 보세요.

① 타인(他人) •   • ㉮ 자신의 이익보다는 남의 이익을 더 꾀함
② 이타(利他) •   • ㉯ 남을 배척하는 것
③ 배타(排他) •   • ㉰ 자기 이외의 남

 왼쪽의 신문 기사를 읽고, 아래 내용이 맞으면 O, 틀리면 X 표시를 하세요.

- 딥페이크란 인공 지능 기술을 이용하여 가짜 콘텐츠를 만드는 기술을 말한다. (   )
- 딥페이크 피해를 입은 경우 딥페이크에 사용된 원본을 가지고 있는지 확인한다. (   )

 다음은 왼쪽 신문 기사를 읽은 사람들의 댓글입니다. 글의 내용과 가장 거리가 먼 것을 고르세요. (   )

① ID 푸른바다: SNS에 생년월일, 전화번호 같은 개인 정보가 꽤 많던데, 딥페이크 범죄의 표적이 될 수도 있겠네요.
② ID 바람의노래: 출처가 불분명한 사진이나 동영상은 쉽게 믿지 맙시다!
③ ID 햇살아래: 딥페이크 피해를 입으면 범인을 잡기 위해 관련 SNS 계정 공개 설정으로 유지하기! 기자님 좋은 정보 감사해요~!
④ ID 꿈꾸는나비: 딥페이크 범죄가 정말 심각하네요. 무엇보다도 예방이 중요하겠어요.

 풀잎이는 많은 사람들이 딥페이크 범죄의 심각성을 알 수 있도록 SNS에 기사 내용을 요약하여 올리기로 했습니다. 함께 적을 해시태그로 거리가 먼 것은 무엇인가요? (   )

① #딥페이크예방법
② #딥페이크뜻
③ #딥페이크피해사례
④ #딥페이크역사

키오스크

무인 카페 [커피향기] 이용 방법

1. 화면에서 원하는 메뉴를 선택합니다.
2. 여러 잔 주문 시, 메뉴 화면에서 여러 메뉴를 선택해 한 번에 주문·결제할 수 있습니다.
3. 메뉴 선택을 마쳤으면 '주문하기' 버튼을 누릅니다.
4. 포인트 적립을 원하면 휴대폰 번호를 입력하세요. 원하지 않으면 '건너뛰기'를 눌러 주세요.
5. 결제 수단을 선택해 결제를 진행합니다.
   ※ 무인 카페 특성상 현금 결제는 불가합니다.
6. 컵 나오는 곳에서 컵을 받습니다.
   차가운 음료 → 투명 플라스틱 컵
   뜨거운 음료 → 종이컵
7. 차가운 음료: 제빙기에서 얼음을 먼저 받고, 음료 줄구 아래에 컵을 놓습니다.
   뜨거운 음료: 음료 줄구 아래에 바로 컵을 놓습니다.
8. 음료가 완전히 나올 때까지 기다려 주세요.
   ※ 나오는 도중 컵을 움직이면 화상의 위험이 있습니다.
9. 음료 뚜껑, 빨대, 휴지는 입구 옆에 있습니다. 환경 보호를 위해 필요한 만큼만 사용해 주세요.

기타 안내 사항

- 외부 음식의 반입과 반려동물의 <mark>출입</mark>을 금합니다.
- 카드를 꽂아 결제한 경우 카드를 다시 뽑아야 다음 화면으로 넘어갑니다.
- 여러 사람이 이용하는 공간이므로 사용 후 자리를 ㉠깨끗하게 정리 부탁드립니다.
- 전자 영수증은 발급을 원하실 경우 아래 연락처로 문자 주세요.
- ㉡어르신, 장애인 등 디지털 기기 사용이 어려운 분은 전화 주시면 원격 지원해 드립니다.

운영시간 24시간 / 문의 010-0000-0000 / WIFI 비밀번호 CAFE1234

취소   결제

 **1** 한자어 익히기

다음 단어에 공통으로 들어가는 글자에 동그라미를 치고, 단어의 뜻을 찾아 선으로 연결해 보세요.

들 입

① 출입(出入) •　　　　• ㉮ 침범하여 들어감
② 입학(入學) •　　　　• ㉯ 학교에 들어감
③ 침입(侵入) •　　　　• ㉰ 나가고 들어감

 **2** 내용 이해하기

왼쪽의 키오스크 화면 내용을 읽고, 아래 내용이 맞으면 O, 틀리면 X 표시를 하세요.

- 다른 가게에서 산 음식을 카페 안에서 먹으면 안 된다. (　　)
- 차가운 음료는 컵에 음료가 완전히 나온 뒤 얼음을 넣는다. (　　)

 3 어휘 알기

키오스크 내용의 ㉠ 대신 쓸 수 있는 낱말로 가장 적절한 것은 무엇인가요? (　　)

① 적당하게　　② 깔끔하게　　③ 당당하게　　④ 정교하게

 **4** 내용 이해하기

다음은 무인 카페를 이용하고 인터넷에 남긴 이용 후기입니다. 왼쪽 키오스크 속 내용을 바르게 이해한 사람은 누구인가요? (　　)

① 허브차한잔: 여러 잔의 음료를 주문할 때, 한 잔씩 주문하기 너무 번거로웠어요. ㅠㅠ
② 달달한이야기: 카드 결제 후에 다음 단계로 넘어가지 않아 당황했어요.
③ 커피라이프: 문자 한 통으로 전자 영수증 발급이 가능해서 편리하네요.
④ 디저트사랑: 다 좋은데 음료 뚜껑이 없는 건 조금 불편해요^^;

 **5** 적용하기

카페뿐만 아니라 병원, 식당, 지하철역 등 키오스크의 도입으로 우리 사회는 많은 변화를 겪고 있습니다. 다음 뉴스 기사 중 왼쪽 키오스크 속 ㉡의 내용과 가장 관련 있는 것은 무엇인가요? (　　)

① 키오스크 들여오자 청년 일자리 사라졌다… 29세 이하 23% 감소
② 불편한 진실, 키오스크 개인 정보 유출
③ '장사에 도움'… 소상공인 10명 중 9명 인건비 월 138만 원 아껴
④ 키오스크가 뭐길래… 투명 장벽 앞에 눈물짓는 디지털 소외 계층

[달콤 호두과자] 맛있게 먹는 방법

- 구입하신 호두과자는 개봉 후 바로 드시면 더욱 맛있습니다.
- 상온에서는 3일 이내, 여름철엔 1~2일 이내 섭취를 권장하며, 남은 과자는 밀폐 용기에 넣어 냉동 보관하세요.
- 냉동된 호두과자는 먹기 20분 전 자연 해동하면 처음과 같은 맛이 납니다.
- 바삭한 식감을 원하시면 냉동 상태에서 에어프라이어로 180℃, 5분간 조리하세요.
- 촉촉한 식감을 원하시면 전자레인지용 용기에 담아 1~2분간 데워 드세요.
- 냉동 상태 그대로 드시면 아이스크림처럼 즐기실 수 있습니다.

호두의 효능

1. 오메가3와 비타민E가 풍부해 심장 건강 유지와 콜레스테롤 수치 감소에 도움을 줍니다.
2. 항산화 물질이 포함되어 있어 노화 방지에 효과적입니다.
3. 적당한 탄수화물과 지방이 있어 빠른 에너지 공급에 좋습니다.
4. 오메가3는 뇌 기능 향상, 집중력과 기억력 개선에 도움이 됩니다.
5. 팥 앙금의 식이 섬유는 소화를 돕고 변비를 예방합니다.

※ 위 내용은 호두의 일반적인 효능이며, 개인에 따라 다르게 나타날 수 있습니다.

가격 인상 안내

저희 [달콤 호두과자]를 사랑해 주시는 고객님들께 진심으로 감사드립니다.
그동안 원재료 가격 상승에도 불구하고 기존 가격을 유지해 왔으나, 부득이하게 2025년 1월 1일부로 가격을 인상하게 되었음을 안내드립니다. 고객님의 너그러운 양해를 부탁드리며, 앞으로도 변함없는 맛과 친절한 서비스로 보답하겠습니다.

- 달콤 호두과자 임직원 일동 -

주의

- 본 제품에는 달걀이 포함되어 있습니다.
- 호두는 산성 식품이므로 레몬 주스나 오렌지 주스와 같은 산성 식품과는 같이 먹지 않는 것이 좋습니다.

1 다음 단어에 공통으로 들어가는 글자에 동그라미를 치고, 단어의 뜻을 찾아 선으로 연결해 보세요.

한자어 익히기

손님 객

① 고객(顧客) •
② 승객(乘客) •
③ 관객(觀客) •

• ㉮ 차, 배, 비행기 따위의 탈것을 타는 **손님**
• ㉯ 상점 따위에 물건을 사러 오는 **손님**
• ㉰ 운동 경기, 공연, 영화 따위를 보거나 듣는 **사람**

2 왼쪽의 안내문을 읽고, 아래 내용이 맞으면 O, 틀리면 X 표시를 하세요.

내용 이해하기

- 더운 여름에는 하루 혹은 이틀 내에 먹는 것이 좋다. (   )
- 달걀 알레르기가 있는 사람은 이 호두과자를 먹으면 안 된다. (   )

3 풀잎이는 구입한 호두과자를 식구들과 함께 나누어 먹으려고 합니다. 왼쪽 안내문에 비추어 보았을 때, 호두과자 섭취를 추천하기 <u>어려운</u> 사람은 누구인가요? (   )

내용 이해하기

① 콜레스테롤 수치가 높은 할아버지
② 음식을 먹으면 소화가 잘 안 되는 삼촌
③ 시험을 앞두고 있어 집중력이 필요한 언니
④ 레몬 주스와 함께 먹을 간식을 찾고 있는 동생

4 풀잎이는 왼쪽 안내문을 읽고 호두과자를 맛있게 먹는 법을 요약했습니다. 빈칸에 들어갈 알맞은 말을 보기에서 골라 순서대로 나열해 보세요. (-   -   )

내용 이해하기

보기

㉮ 전자레인지로 데워 먹기   ㉯ 냉동 상태 그대로 먹기   ㉰ 에어프라이어로 조리해 먹기

이럴 때	이렇게
아이스크림처럼 먹고 싶을 때	
부드러운 식감으로 먹고 싶을 때	
바삭한 식감으로 먹고 싶을 때	

가정 통신문

환경의 날 기념
대나무 칫솔 교환 캠페인 안내

여러분, 안녕하십니까? 본교 학생회는 6월 5일 환경의 날을 맞아 플라스틱 칫솔을 대나무 칫솔로 교환해 드리는 캠페인을 진행합니다. 환경 보호와 지속 가능한 소비 습관 형성을 위한 이번 캠페인에 많은 관심과 참여 부탁드립니다.

☞ 캠페인 안내

일시: 2025년 6월 2일(월) ~ 4일(수), 12:30~12:50
장소: 별관 1층 급식실 앞

☞ 참여 방법

사용한 플라스틱 칫솔을 교환일에 학교로 가져옵니다.
플라스틱 칫솔 1개당 대나무 칫솔 1개로 교환받습니다.
※ 1인당 최대 3개까지 참여 가능합니다.

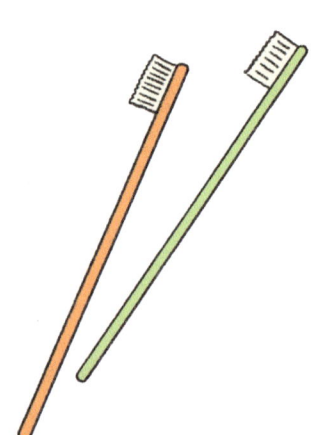

Q. 플라스틱 칫솔은 재활용이 안 되나요?

네, 플라스틱 칫솔은 폴리에스테르, 고무 등 다양한 재질로 만들어져 재활용이 어렵습니다. 대부분 일반 쓰레기로 버려져 태워지거나 매립되며, 이 과정에서 공기와 토양을 오염시키고, 남은 미세 플라스틱이 우리의 건강까지 위협할 수 있습니다.

Q. 왜 대나무 칫솔을 사용해야 하나요?

플라스틱 칫솔 쓰레기만 연간 약 4,300톤 발생하며, 분해에는 500년 이상이 걸립니다. 반면, 대나무 칫솔은 약 1~6개월이면 자연 분해되어 훨씬 친환경적입니다. 또한 대나무는 화학 비료 없이도 하루 1m씩 자라는 경제적인 자원입니다. 한 사람이 1년 동안 플라스틱 칫솔 대신 대나무 칫솔을 사용하면, 500ml 페트병 15개 분량의 플라스틱 쓰레기를 줄일 수 있습니다.

2025. 6. 1. 풀잎초등학교장

 다음 단어에 공통으로 들어가는 글자에 동그라미를 치고, 단어의 뜻을 찾아 선으로 연결해 보세요.

 한자어 익히기

年
해 년(연)

① 연간(年間) •
② 풍년(豐年) •
③ 신년(新年) •

• ㉮ 한 해 동안
• ㉯ 새로 시작되는 해
• ㉰ 곡식이 잘 자라 평년보다 수확이 많은 해

 왼쪽의 가정 통신문을 읽고, 아래 내용이 맞으면 O, 틀리면 X 표시를 하세요.

내용 이해하기

◦ 캠페인은 사흘 동안 진행된다. ( )

우리말로 날짜를 세어 볼까요?
• 하루 - 1일   • 닷새 - 5일
• 이틀 - 2일   • 엿새 - 6일
• 사흘 - 3일   • 이레 - 7일
• 나흘 - 4일

 다음은 왼쪽 가정 통신문을 읽고 풀잎이와 친구가 나눈 대화입니다. 가정 통신문의 내용과 <u>관계 없는</u> 것을 고르세요. ( )

내용 이해하기

풀잎: 수혁아, 가정 통신문 봤니? 플라스틱 칫솔을 대나무 칫솔로 바꾸어 준대!
수혁: 그러게. ①칫솔을 바꾸는 것만으로도 500ml 페트병 15개를 절약한 효과가 있다니, 엄청나다! 우리도 참여해 볼까?
풀잎: 찬성! 음… ②대나무 칫솔은 한 사람당 최대 3개까지 받을 수 있으니까, 집에 있는 플라스틱 칫솔을 3개 챙겨 와야겠다.
수혁: 좋은 생각이야. 하지만 ③플라스틱 사용을 줄이기 위해서는 대나무를 함부로 베지 않는 것이 무엇보다도 중요하겠어.
풀잎: 아참! 플라스틱 칫솔은 재활용이 안 된다면서? 이제부터 ④다 쓴 플라스틱 칫솔은 일반 쓰레기로 잘 분류해서 버려야겠다.

 풀잎초등학교 학생회 어린이들은 가정 통신문의 캠페인을 홍보하기 위하여 홍보 포스터를 만들기로 했습니다. 포스터 문구로 가장 적절한 것을 고르세요. ( )

적용하기

① 헌 칫솔 줄게, 새 대나무 칫솔 다오 – 환경도 지키고 선물도 받자!
② 건강한 미소를 위해 하루 3번 3분 이상 함께 양치질해요!
③ 함께 만드는 깨끗한 지구! 분리배출 실천으로 만들어요.
③ 대나무, 지구의 숨은 영웅. 지속 가능한 미래를 위하여 대나무를 보호합시다.

> 설명서

쉽게 쓰고 한 번에 지우는 전자 메모 보드

종이 낭비, 이제 그만!
부드럽게 써지고 간편하게 지워지는 LCD 전자 메모 보드를 사용해 보세요.

사용 방법

① 제품 뒷면 잠금 버튼을 왼쪽으로 밀어 잠금을 해제합니다.
② 전용 펜을 분리합니다.
③ 앞면의 휴지통 버튼을 누르면 화면 전체가 한 번에 지워집니다.(부분 삭제 불가)
④ 메모 고정을 원하면 잠금 버튼을 오른쪽으로 밀어 주세요.
  (잠금 상태에서는 작성 및 삭제 불가)

주의 사항

날카로운 물체가 화면에 닿지 않도록 주의하세요.
물이나 액체가 닿지 않도록 조심하세요.
40℃ 이상 고온 환경에서는 사용하지 마세요.

건전지 교체 방법

① 3V 건전지 1개와 드라이버를 준비합니다.
② 뒷면 나사를 풀고 덮개를 엽니다.
③ +,- 극 방향을 확인하여 건전지를 끼웁니다.
④ 덮개를 닫고 나사를 조여 작동 여부를 확인합니다.

제품 특징

전용 펜 외에도 연필, 장갑 낀 손 등으로 터치 가능하지만,
화면 보호를 위해 전용 펜 사용을 권장합니다.
12~20인치까지 다양한 크기로 선택 가능합니다.

☎ 소비자 상담실: 02-000-0000

 **1** 다음 단어에 공통으로 들어가는 글자에 동그라미를 치고, 단어의 뜻을 찾아 선으로 연결해 보세요.

한자어 익히기

나눌 분

① 분리(分離) •
② 분수(分數) •
③ 분석(分析) •

• ㉮ 서로 **나뉘**어 떨어짐
• ㉯ 한 수를 다른 수로 **나눈** 몫
• ㉰ 얽혀 있거나 복잡한 것을 풀어서 **나눔**

 **2** 왼쪽의 설명서를 읽고, 아래 내용이 맞으면 O, 틀리면 X 표시를 하세요.

내용 이해하기

- 메모 보드 화면에 날카로운 물건이 닿으면 망가질 수 있다. (　　)
- 40℃ 이상의 온도에서도 사용이 가능하다. (　　)

 **3** 왼쪽 글의 내용으로 해결하기 <u>어려운</u> 질문은 무엇일까요? (　　)

내용 이해하기

① 메모한 내용을 한 번에 지울 수 있을까?
② 실수로 휴지통 버튼을 눌러도 내용이 남아 있게 할 수 없을까?
③ 3V 건전지의 수명은 얼마나 될까?
④ 건전지를 교체하기 위해서는 무엇을 준비해야 할까?

 **4** 풀잎이는 터치스크린에 대해 더 알아보고 싶어졌습니다. 조사한 내용을 다음과 같이 정리했을 때 반응으로 거리가 <u>먼</u> 것은 무엇인가요? (　　)

적용하기

	정전식 터치스크린	감압식 터치스크린
사용되는 기기	스마트폰, 태블릿 PC 등	메모 보드 등
장점	화면이 선명하다	정전식에 비해 가격이 저렴하다
	반응이 빠르다	전용 펜이 아니어도, 물기가 묻어 있어도 터치가 된다
단점	감압식에 비해 생산 비용이 비싸다	선명도가 떨어진다

① 메모 보드는 태블릿 PC에 비해 선명도가 떨어져서 아쉬워.
② 왼쪽 설명서의 메모 보드는 감압식이겠네.
③ 메모 보드는 태블릿 PC에 비해 반응이 빨라서 편리해.
④ 메모 보드는 전용 펜이 아니어도 터치가 가능하네.

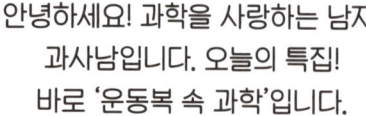

1 다음 단어에 공통으로 들어가는 글자에 동그라미를 치고, 단어의 뜻을 찾아 선으로 연결해 보세요.

한자어 익히기

닿을 촉

① 접촉(接觸) •   • ㉮ 맞붙어서 **닿음**
② 일촉즉발(一觸卽發) •   • ㉯ 무엇이 **닿았을** 때의 느낌
③ 촉감(觸感) •   • ㉰ 한 번 **닿기만** 해도 폭발할 것 같이 몹시 위급한 상태

2 왼쪽의 동영상을 보고, 아래 내용이 맞으면 O, 틀리면 X 표시를 하세요.

내용 이해하기

- 펜싱 조끼의 모양은 펜싱 종목마다 다르다. (   )
- 태권도는 상대방의 몸에 닿기만 해도 점수를 얻을 수 있다. (   )

3 왼쪽 동영상의 내용 중 전자 조끼, 전자 양말에 공통으로 사용된 과학 기술은 무엇인가요? (   )

추론하기

① 몸을 안전하게 보호하는 기술
② 땀을 빠르게 증발시키는 기술
③ 장비를 얇고 가볍게 만드는 기술
④ 접촉을 감지하는 기술

4 왼쪽 동영상의 ㉠에 들어갈 말로 가장 적절한 것은 무엇인가요? (   )

추론하기

① 스포츠 과학의 발전으로 경기의 규정 또한 진화하고 있습니다.
② 스포츠 과학으로 인해 다양한 종류의 수영복을 생산할 수 있게 되었습니다.
③ 스포츠 과학 때문에 선수들 간의 경쟁이 과열된 셈입니다.
④ 스포츠 과학은 수영복의 가격이 올라가는 원인 중 하나입니다.

신문 기사

2025년 1월 4일

오늘 밤, 별똥별 우주 쇼 감상하세요!

시간당 120개 쏟아질 예정
어둡고 사방이 트인 곳일수록 관찰하기 쉬워

오늘 밤, ㉠별똥별이 하늘을 수놓는다!
이번처럼 큰 규모의 별똥별 쇼는 2009년 이후 16년 만이며, 밤 11시 30분부터 새벽까지 시간당 최대 120개의 별똥별을 볼 수 있을 전망이다.
특히 오늘 밤 11시 달이 지기 때문에, 달빛 없이 관측하기에 최적의 조건이다.

밖으로 나가기 어렵다면 유튜브 생중계로도 감상할 수 있다. ○○과학관은 오늘 밤 10시~내일 새벽 3시까지 유성우를 생중계할 예정이다.

별똥별, 어떻게 생길까?

별똥별, 즉 유성은 혜성이나 소행성에서 떨어진 먼지가 지구 중력에 이끌려 대기와 마찰하며 빛을 내는 현상이다. 유성이 무리지어서 떨어지는 모습은 비처럼 보인다고 하여 '유성우'라 부른다.
한편, 오늘 밤 강원 내륙·산지에는 영하 10도 이하의 추위가 예상돼 관측 시 방한 준비가 필요하다.

 다음 단어에 공통으로 들어가는 글자에 동그라미를 치고, 단어의 뜻을 찾아 선으로 연결해 보세요.

 한자어 익히기

비 우

① 유성우(流星雨) •　　　　• ㉮ 유성이 **비처럼** 쏟아지는 현상

② 우산(雨傘) •　　　　• ㉯ 갑자기 세차게 쏟아지는 **비**

③ 폭우(暴雨) •　　　　• ㉰ **비**가 올 때 펴서 손에 들고 머리 위를 가리는 도구

 왼쪽의 신문 기사를 읽고, 아래 내용이 맞으면 O, 틀리면 X 표시를 하세요.

내용 이해하기

○ 별똥별은 먼지가 공기와 만나 불타면서 생기는 현상이다. (　　　)
○ 별똥별을 밖에서 관찰하기 위해서는 따뜻한 옷을 착용하는 것이 좋다. (　　　)

 별똥별을 관찰하기 가장 좋은 장소는 어디인가요? (　　　)

추론하기

① 가로등과 간판이 밝게 빛나는 편의점 앞
② 높은 건물이 많은 아파트 단지 안
③ 산과 나무로 둘러싸인 공원 안
④ 불빛이 거의 없는 높은 언덕 위

 왼쪽 신문 기사 속 ㉠의 뜻으로 가장 적절한 것은 무엇인가요? (　　　)

추론하기

① 하늘에 보이는 별똥별의 모양이 특이하다.
② 하늘에서 많은 별똥별을 관측할 수 있다.
③ 하늘에서 별똥별을 관측하기 어렵다.
④ 하늘에 있는 별이 모두 별똥별이 된다.

지식백과

온돌
[溫突]

요약 아궁이에서 불을 땔 때 방바닥 전체를 데우는 우리나라 전통 난방 장치

1. 온돌의 원리

온돌은 약 2천 년의 역사를 지닌 우리나라의 전통적인 난방법이다.
'온돌'은 '따뜻한 돌'이라는 뜻으로, 방바닥의 돌을 데워 방 전체를 따뜻하게 해 준다. 한번 데워진 방은 쉽게 식지 않기 때문에, 온돌은 온종일 난로에 장작을 피워야 하는 서양식 벽난로보다 더 경제적이다. 이처럼 온돌은 독창적이고 경제적인 난방법이며, 그 속에 숨겨진 과학적 원리는 다음과 같다.

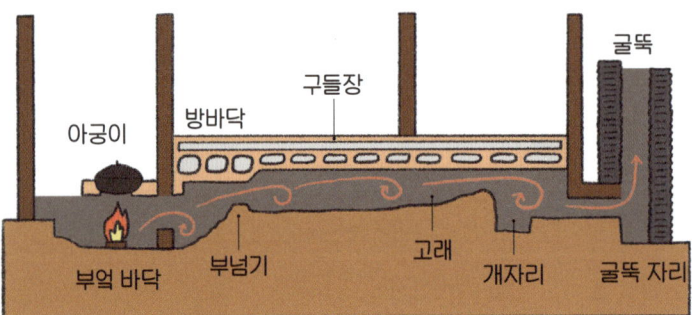

[온돌의 구조]

첫째, 아궁이에서 나온 열기가 바닥의 돌을 데우는 과정에는 열의 '전도' 현상이 작용한다. 전도는 물질이 접촉하면서 열이 전달되는 현상으로, 냄비 겉면이 뜨거워지는 것과 같은 원리이다.
둘째, 뜨거워진 구들장이 방 안 공기를 데우는 과정에는 열의 '복사' 현상이 작용한다. 복사는 열이 직접 방출되어 주변을 데우는 현상으로, 난로 근처에서 따뜻함을 느끼는 것과 같은 원리이다.
셋째, 따뜻한 공기가 순환하며 방 전체를 데우는 과정에는 열의 '대류' 현상이 작용한다. 대류는 따뜻한 공기가 위로, 차가운 공기가 아래로 움직이며 열이 퍼지는 현상이다.

 **1** 다음 단어에 공통으로 들어가는 글자에 동그라미를 치고, 단어의 뜻을 찾아 선으로 연결해 보세요.

한자어 익히기

따뜻할 온

① <u>온</u>돌(<u>溫</u>突) •
② <u>온</u>도(<u>溫</u>度) •
③ <u>온</u>천(<u>溫</u>泉) •

• ㉮ **덥고** 찬 정도
• ㉯ **온기**가 방 밑을 통과하여 방을 덥히는 장치
• ㉰ 지열로 땅속에서 물이 **데워져** 땅 위로 솟아오르는 샘

 **2** 왼쪽의 지식백과를 읽고, 아래 내용이 맞으면 O, 틀리면 X 표시를 하세요.

내용 이해하기

- 온돌은 서양식 벽난로보다 경제적인 난방 장치이다. (   )
- 온돌에는 열의 전도, 복사, 대류의 원리가 숨겨져 있다. (   )

 **3** 다음은 왼쪽 글에 이어질 내용입니다. 빈칸에 들어갈 말로 적절한 것은 무엇인가요? (   )

추론하기

2. 한국과 외국의 난방 방법과 ▢

온돌은 바닥을 통해 공기를 데우기 때문에 아래부터 따뜻해진다. 이로 인해 우리나라에서는 바닥에서 생활하는 좌식 문화가 자연스럽게 발달했다. 상을 펴고 바닥에 앉아 식사를 했고, 바닥에 이불을 펴고 잠을 잤다.
반면, 서양의 난방 방식인 벽난로는 방의 윗부분부터 데운다. 따라서 차가운 바닥을 피하기 위해 의자를 사용하는 입식 문화가 발달했다. 바닥이 차갑기 때문에 집 안에서도 슬리퍼나 신발을 신고, 소파나 식탁 의자를 사용했다.

① 가구 형태   ② 옷차림   ③ 생활 방식   ④ 집의 크기

 **4** 풀잎이는 과학적 원리가 반영된 우리의 전통 문화에 대해 조사했습니다. 다음 중 과학적 원리로 보기 <u>어려운</u> 것은 무엇인가요? (   )

적용하기

① 된장 - 우리 조상들의 취향을 반영하여 각종 요리에 다양하게 사용됨
② 장독대 - 장독 표면의 숨구멍이 장독 안의 온도를 적절히 유지하며 발효를 촉진시킴
③ 한글 - 사람의 발음 기관의 모양과 소리 나는 원리를 본떠 자음과 모음을 만듦
④ 한옥 - 지붕의 모양이 겨울에는 햇빛을 많이 받아 따뜻하게, 여름에는 바람이 잘 통해 시원하게 만들어 줌

안내문

안전하고 즐거운 추석 연휴를 위한
명절 응급 상황 대처 방법

1. 떡을 먹다 기도가 막히면?

119에 신고한 후 '하임리히법'으로 이물질을 제거한다. 환자 뒤에 서서 주먹 쥔 손을 명치와 배꼽 사이에 두고, 다른 손으로 감싼다. 주먹은 엄지손가락이 환자 몸을 향하게 하고, 몸 쪽으로 힘껏 밀쳐 올리는 동작을 반복한다.

2. 요리 중 화상을 입으면?

화상은 신속한 초기 대응이 중요하다. 우선 안전한 곳으로 자리를 옮기고 미지근한 물에 식혀 주는데, 얼음을 직접 대거나 너무 차가운 물을 사용하는 것은 피해야 한다. 동상으로 이어질 수 있기 때문이다. 겉으로는 괜찮아 보여도 피부 안쪽에 열감이 남아 있을 수 있으므로 20분 이상 물로 화상 부위를 식히는 것이 좋다.

3. 목에 가시가 걸리면?

목에 가시가 걸렸을 때는 우선 침을 여러 번 삼킨다. 그래도 넘어가지 않으면 병원을 방문한다. 밥이나 물로 넘기려는 행동은 피하는 것이 좋다. 가시가 보여도 억지로 빼내지 않아야 한다. 상처를 내서 감염을 유발하는 경우가 있으니 되도록 병원에서 치료받는 것이 좋다.

4. 명절 기간 중 의료 기관 이용 안내

연휴 중에는 가까운 병의원이나 지역 응급실을 우선 이용한다. 증상이 심할 경우 119에 연락하고, 증상 판단이 어려우면 119 상담을 받는다. 명절에 운영하는 병의원과 약국은 응급 의료 정보 센터에서 확인할 수 있다.

5. 명절 전 이것만은 꼭!

- **상비약 구비**: 해열제, 소화제, 상처 소독제, 진통제 등
- **가족 건강 상태 점검**: 임신부, 노약자 등 만성 질환자 관리
- **응급 처치법 숙지**: 하임리히법, 심폐 소생술 등

다음 단어에 공통으로 들어가는 글자에 동그라미를 치고, 단어의 뜻을 찾아 선으로 연결해 보세요.

한자어 익히기

불 화

① 화상(火傷) • • ㉮ 불을 붙이거나 켬
② 소화기(消火器) • • ㉯ 불이 난 것을 끔
③ 점화(點火) • • ㉰ 불이나 뜨거운 열 따위에 데어서 입은 상처
④ 진화(鎭火) • • ㉱ 불을 끄는 기구

왼쪽의 안내문을 읽고, 아래 내용이 맞으면 O, 틀리면 X 표시를 하세요.

- 뜨거운 물에 손을 데면 차가운 물에 상처를 즉시 식혀 주는 것이 좋다. (   )
- 연휴 중 이용 가능한 병원은 응급 의료 정보 센터에서 찾아볼 수 있다. (   )

풀잎이는 생선을 먹다 목에 가시가 걸렸습니다. 대처 방법으로 가장 적절한 것은 무엇인가요? (   )

① 침을 여러 번 삼켜 가시를 넘긴다.
② 밥을 삼켜 가시를 넘긴다.
③ 눈에 보이는 가시는 젓가락을 이용해 빼낸다.
④ 보이지 않는 가시는 손가락을 넣어서 빼낸다.

아래 빈칸에 들어갈 알맞은 말을 왼쪽 안내문에서 찾아 써 보세요.

명절에는 병원과 약국이 문을 닫는 경우가 많기 때문에 미리 ☐☐☐을(를) 준비하는 것이 좋습니다.

가정 통신문

8월 영양 소식

어린이 여러분! 전자레인지는 가정에서 흔히 사용하는 편리한 조리 도구이지만, 올바르게 사용하지 않으면 안전사고가 발생할 수 있습니다. 안전한 전자레인지 사용법을 익혀 볼까요?

알아 두면 쓸모 있는 전자레인지 상식

전자레인지의 원리

전자레인지는 음식 속 수분을 진동시켜 음식을 따뜻하게 만드는 조리 도구입니다. 전자레인지 안의 마이크로파가 물방울을 움직이고, 물방울끼리 부딪히며 생긴 마찰열이 음식을 데웁니다. 그래서 수분이 없는 음식은 데울 수 없어요.

사용 전 꼭 확인하세요

알루미늄 캔이나 은박지, 금속 냄비 등은 마이크로파를 반사해 불이 날 수 있어요. 용기의 '전자레인지 사용 가능' 마크를 꼭 확인하세요.

이런 식품은 안 돼요

달걀, 밤과 같이 단단한 껍질이 있는 식품을 전자레인지로 데우면, 껍질이 내부의 압력을 견디지 못하고 터질 수 있어요. 따라서 껍질을 제거하거나 칼집을 내어 조리해야 해요.

컵라면은 어떨까요?

컵라면은 제품마다 용기 재질이 다르기 때문에 겉면의 안내 사항을 꼭 확인해야 합니다. 뚜껑에 금속박(알루미늄 등)이 있는 경우도 있어 조심해야 합니다.

전자레인지 출력 세기와 시간 등 사용법을 지키는 것이 좋아요.

30cm 떨어져서 사용하세요

전자레인지 사용 시에는 안전거리를 유지하는 것이 중요해요. 전자파는 물론 조리 시 발생하는 열기로부터 우리의 몸을 보호할 수 있습니다. 또한 가열한 식품을 꺼낼 때는 화상의 위험이 있으므로 장갑 등을 꼭 착용하세요.

2025. 8. 1. 풀잎초등학교장

 다음 단어에 공통으로 들어가는 글자에 동그라미를 치고, 단어의 뜻을 찾아 선으로 연결해 보세요.

한자어 익히기

먹을 식

① 음식(飮食) • • ㉮ 음식을 **먹을** 수 있는 장소
② 식당(食堂) • • ㉯ 한집에 살면서 **끼니**를 같이하는 사람
③ 식구(食口) • • ㉰ 사람이 **먹을** 수 있는 밥이나 국 같은 것

 왼쪽의 가정 통신문을 읽고, 아래 내용이 맞으면 O, 틀리면 X 표시를 하세요.

내용 이해하기

- 달걀을 전자레인지에 데울 때는 껍질을 미리 벗겨야 한다. (   )
- 컵라면은 용기 종류에 상관없이 전자레인지 사용이 가능하다. (   )

 풀잎이는 냉동실에 넣어 둔 피자를 전자레인지로 데워 먹으려고 합니다. 왼쪽 가정 통신문의 내용과 거리가 먼 것은 무엇인가요? (   )

내용 이해하기

① 피자가 너무 말라서 데워지지 않을 것 같아. 물을 조금 묻혀야겠다.
② 피자를 감쌌던 은박지는 벗기고 전자레인지용 그릇에 담아야겠다.
③ 피자가 잘 데워지는지 관찰하려면 데워지는 동안 30cm를 벗어나면 안 돼.
④ 데워진 피자를 꺼낼 때 그릇이 뜨거울 수 있으니 주방 장갑을 준비해야 해.

 카레 겉면 조리법을 읽은 뒤의 반응으로 거리가 먼 것을 고르세요. (   )

적용하기

〈끓는 물 이용 시〉
3분간 데워 밥이나 면 위에 얹어 드십시오.
(꺼내실 때 젓가락 구멍을 이용하시면 편리합니다.)

〈전자레인지 이용 시〉

전자레인지 700W 이용 시 2분 / 1000W 이용 시 1분
봉지째 넣으면 위험하오니 반드시 전자레인지용 용기를 사용하십시오.

① 전자레인지와 끓는 물을 동시에 사용해야 해.
② 사용할 전자레인지의 출력 세기에 따라 조리 시간이 달라지는구나.
③ 봉지째 전자레인지에 넣으면 위험하니까 그릇에 덜어야겠어.
④ 그릇에 전자레인지 사용 가능 마크가 있는지 확인해야겠다.

과학으로 놀아요! 탱탱볼 만들기

준비물: 장갑, 붕사 가루, PVA 가루, 색소, 컵, 따뜻한 물, 막대

● 탐구 방법

1. 40℃ 정도의 따뜻한 물을 종이컵에 담습니다.
2. 붕사 가루 4g을 넣고 막대로 저으며 관찰합니다.
3. 여기에 PVA(폴리비닐 알코올) 가루 10g과 색소를 넣고 저으며 관찰합니다.
4. 내용물이 엉기면 손으로 굴려 동그랗게 만듭니다.
5. 물기가 마를 때까지 ㉠반나절 정도 기다립니다.

● 주의 사항

* 실험 준비물은 먹지 않습니다.
* 장갑을 반드시 착용합니다.
* 물이 40℃보다 뜨거우면 PVA가 너무 빨리 굳습니다.
* 붕사 가루가 많을수록 단단해지고, 적을수록 말랑해집니다.
* 색소를 많이 넣을수록 색이 진해집니다.
* 덜 마른 탱탱볼은 바닥에 팅기면 부서질 수 있습니다.

● 탐구 원리

* **생활 속에서 서로 다른 물질을 섞는 경우**

요리를 하면서 여러 가지 가루를 섞는 경우가 있습니다. 우유에 초콜릿 가루를 타서 마시는 경우도 있습니다.

* **서로 다른 물질을 섞었을 때의 성질 변화**

섞기 전 물질의 성질이 그대로 유지되기도 하고, 변하기도 합니다. 예를 들어, 미숫가루와 설탕을 섞으면 알갱이가 그대로 남아 있어 각각의 성질도 그대로 남아 있습니다. 반면, 소금을 물에 섞으면 물이 짜지고 얼음이 늦게 어는 등 성질이 달라집니다.

 **1** 다음 단어에 공통으로 들어가는 글자에 동그라미를 치고, 단어의 뜻을 찾아 선으로 연결해 보세요.

觀
볼 관

① 관찰(觀察) •
② 관광(觀光) •

• ㉮ 다른 지방이나 나라를 돌아다니며 **구경**하는 것
• ㉯ 사물이나 현상을 주의하여 자세히 **살펴봄**

 **2** '한나절'의 뜻이 다음과 같을 때, 왼쪽 설명서 속 ㉠의 뜻은 무엇일지 빈칸에 알맞은 숫자를 써넣어 보세요.

한-나절
1. 하룻낮의 반(半). 약 6시간 정도
2. 하룻낮 전체. 약 12시간 정도

오호! 한나절은 6시간 또는 12시간 정도를 뜻하네. 그렇다면 반나절은 한나절의 반이니까 (   )시간 또는 (   )시간 정도겠어.

 **3** 풀잎이는 왼쪽 설명서에 따라 실험하던 중 다음과 같은 문제를 겪었습니다. 해결 방법이 <u>아닌</u> 것은 무엇인가요? (   )

문제점: 색이 너무 진하다. 너무 무르고 튕기면 부서진다.

① 차가운 물 준비하기
② 색소의 양 줄이기
③ 붕사의 양 늘리기
④ 튕기기 전 충분히 말려 주기

 **4** 풀잎이는 왼쪽 설명서에 따라 실험을 한 뒤 결과 보고서를 썼습니다. 아래 빈칸에 들어갈 내용으로 적절한 것을 찾아 O표 하세요.

탱탱볼 만들기 실험 결과 보고서

- **실험 목표:** 서로 다른 물질을 섞었을 때 물질의 성질 변화를 알아본다.
- **실험 결과:** 섞기 전 만졌을 때 물은 흘러내리는 느낌, 붕사와 폴리비닐 알코올은 거친 느낌이었다. 물과 붕사, 폴리비닐 알코올을 섞은 후에는 만졌을 때 고무 같은 느낌이 들었다.
- **알게 된 점:** 탱탱볼을 만들 때 여러 가지 물질이 섞이며 처음 가지고 있던 물질의 성질이 그대로 유지되었다 / 변하였다 .

동영상

 미스터리한 과학 이야기만 캐 드리는 과학 캐스터, 캐캐입니다. '모든 접촉은 흔적을 남긴다.'는 말, 들어 보셨나요? 오늘은 이 말에 딱 어울리는 분, 베테랑 과학 수사관 김○○ 연구원님을 모셨습니다.

 안녕하세요. 반갑습니다.

 과학 수사 하면 가장 먼저 '지문'이 떠올라요.

 맞습니다. 지문은 '㉠손가락에 있는 이름표'로 불리며, 사람마다 다르고 나이가 들어도 변하지 않습니다.

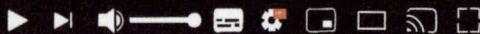

 일란성 쌍둥이도 다른가요?

 네, 일란성 쌍둥이도 지문은 다릅니다. 같은 지문이 나타날 확률은 약 870억 분의 1로, 사실상 0%에 가깝습니다.

 지문은 왜 생기나요?

 지문은 땀샘과 관련이 있습니다. 손바닥의 땀샘은 우리 몸의 다른 부분들보다 더 돋아나 있는데요, 이것들이 연결되어 오돌토돌한 지문의 모양이 만들어지는 겁니다.

 눈에 잘 안 보이는 지문은 어떻게 채취하나요?

 채취 방법은 40가지가 넘지만, 가장 일반적인 건 분말법입니다. 은백색의 가루를 살살 발라 지문이 확인되면 ㉡투명한 젤라틴 종이에 지문을 찍어 냅니다. 찍은 지문은 대지에 붙여 잘 보이도록 처리 후 컴퓨터에 입력하게 됩니다.

 지문이 완전하지 않아도 분석이 가능한가요?

 네, 지문의 3분의 1만 있어도 지문의 주인을 추적할 수 있습니다.

네, 과학 수사가 범죄 해결에 큰 힘이 되겠네요. 오늘 말씀 감사합니다.

 감사합니다.

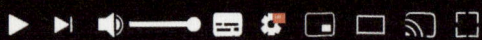

 **1** 다음 단어에 공통으로 들어가는 글자에 동그라미를 치고, 단어의 뜻을 찾아 선으로 연결해 보세요.

한자어 익히기

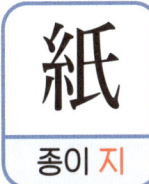
종이 지

① 대지(臺紙) •

② 도화지(圖畫紙) •

③ 지폐(紙幣) •

• ㉮ **종이**로 만든 돈

• ㉯ 그림을 그리는 데 쓰는 **종이**

• ㉰ 뒤에 붙여 바탕이 되게 하는 두꺼운 **종이**

 **2** 왼쪽의 동영상을 보고, 아래 내용이 맞으면 O, 틀리면 X 표시를 하세요.

내용 이해하기

- 일란성 쌍둥이는 지문이 같다. (   )
- 지문이 일부만 남아 있으면 신원을 밝혀내기 어렵다. (   )

 **3** 왼쪽의 동영상의 ⓒ은 젤라틴 종이에 지문을 본뜨는 과정입니다. 다음 중 '본뜨다'와 가장 거리가 먼 것은 무엇인가요? (   )

추론하기

① 비석에 먹물을 발라 흰 종이를 붙이는 것
② 치과에서 치아의 모양을 찍어 내는 것
③ 나뭇잎에 물감을 묻혀 도화지에 눌러 내는 것
④ 나무 조각을 칼로 깎는 것

 **4** 동영상 속 ㉠의 의미로 가장 적절한 것은 무엇인가요? (   )

추론하기

① 지문의 모양이 오돌토돌하다는 뜻
② 지문이 눈에 잘 보이지 않는다는 뜻
③ 지문은 사람마다 다르다는 뜻
④ 지문을 채취하는 방법이 다양하다는 뜻

풀잎 신문
2024년 9월 17일

더워지는 지구에, ㉠단풍 올해도 '지각'

단풍이 올해도 지각이다. 29일 설악산에서 시작되는 올해 첫 단풍은 기상청이 단풍 관측을 시작한 이래로 가장 늦다. 하지만 단풍의 지각은 올해가 처음이 아니다. 단풍 시작 시기는 점차 늦어져 1990년대보다 무려 11일 늦춰졌다. 그 이유는 무엇일까?

기온이 영상 5℃ 이하로 내려가면 나무는 추운 겨울을 나기 위해, 성장을 멈추고 잎을 떨어뜨릴 준비를 한다. 이때 가지에서 잎으로 가는 물 공급이 끊기면서, 잎은 광합성을 멈춘다. 그 결과 엽록소는 파괴되고, 엽록소의 초록색 대신 잎이 가지고 있던 고유의 색인 빨간색 혹은 노란색이 드러나 단풍이 들게 된다. 하지만 지구 온난화로 인해 기온이 늦게 떨어져 첫 단풍도 함께 늦어지고 있다.

문제는 단풍이 늦어지면 나무가 겨울을 준비할 시간이 부족하다는 점이다. 월동 준비가 되지 않은 상황에서 기온이 갑자기 떨어지면, 나무는 물들지 않은 초록 잎을 급히 떨어뜨린다. 그러다 보니 나무는 스트레스를 받아 제대로 자라지 못하고, 공기 정화나 탄소 흡수 같은 생태적 기능도 약해진다.

㉡선선한 가을날 아름다운 단풍을 계속 만날 수 있도록, 단풍이 보내는 메시지에 우리가 행동으로 답할 때이다.

 다음 단어에 공통으로 들어가는 글자에 동그라미를 치고, 단어의 뜻을 찾아 선으로 연결해 보세요.

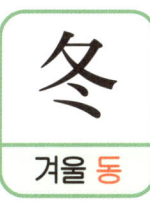
겨울 동

① 월동(越冬) •
② 입동(立冬) •
③ 동면(冬眠) •

• ㉮ 겨울을 살아 넘김
• ㉯ 24절기 중 하나로, 겨울이 시작되는 시기
• ㉰ 겨울이 되면 동물이 활동을 중단하고 땅속에서 겨울을 보내는 일

 왼쪽의 신문 기사를 읽고, 아래 내용이 맞으면 O, 틀리면 X 표시를 하세요.

- 올해 첫 단풍은 설악산에서 시작될 예정이다. (   )
- 낙엽이 지는 것은 나무가 겨울을 나기 위한 준비 과정이다. (   )

 다음은 기온에 대한 느낌을 나타내는 단어들입니다. 보기에서 알맞은 말을 골라 빈칸에 써넣어 보세요.

보기
싸늘하다   포근하다   무덥다

더움 ← (   ) (   ) ㉡선선하다 (   ) → 추움

 신문 기사 내용 중 ㉠의 의미로 가장 적절한 것은 무엇인가요? (   )

① 단풍이 늦게 시작되는 것
② 단풍의 시작을 잊어버리는 것
③ 단풍이 빨리 끝나는 것
④ 단풍을 꾸준히 관측하는 것

카드 뉴스

주말에 뭐 하지?
아이와 함께하는 나들이 추천 코스
지진 체험 교실

지진에 대해 알아봐요!

지진은 왜 일어날까요?
지구의 중심에는 약 6000℃의 '핵'이 있고, 핵을 둘러싼 '맨틀'이 있어요. 맨틀 위에는 가벼운 암석인 '지각'이 있고요. 지각은 여러 조각으로 나뉘어 있는데 지구 내부의 뜨거운 열과 압력으로 인해 이 조각들이 서로 부딪치며 생기는 것이 지진이에요.

진도 7까지 체험해 볼 수 있어요!

진도	느낌, 피해 정도
1	지진계에만 기록됨
2, 3	실내에 있는 일부 사람만 느낌
4	많은 사람이 느낌, 창문 흔들림
5	모든 사람이 느낌, 그릇이 깨짐
6, 7	건물의 약한 피해, 벽돌이 떨어짐
8, 9	건물의 심한 피해, 집 전체가 흔들림
10	심한 피해, 많은 건물이 무너짐
11	엄청난 피해, 대부분의 건물이 붕괴됨
12	땅이 파도 형태로 움직임

이렇게 체험해요!

- 흔들리는 동안은 탁자 아래로 들어가 머리를 보호하고 탁자 다리 꼭 잡기
- 흔들림이 멈추면 전기와 가스를 차단하고 문을 열어 출구 확보하기
- 건물 밖으로 나갈 때는 엘리베이터가 아닌 계단 이용하기
- 엘리베이터에 타고 있을 때 지진이 나면 가장 가까운 층에 즉시 내리기

지진 대피 지도를 만들어요!

- 우리 가족이 평소 다니는 길을 살펴보고 지진 대피 장소로 적절한 곳 찾기
- 생활 안전 지도 사이트(www.safemap.go.kr)에서 넓은 운동장이 있는 곳 알아보기
- 가족이 흩어졌을 경우를 대비해 1차 약속 장소와 2차 약속 장소 정해 보기

안전 체험관 운영 안내

운영일: 월~토요일(일요일, 공휴일 휴관)
운영시간: 9시~18시
이용 연령: 6세 이상 **이용 요금:** 무료
이용 방법: 홈페이지 회원 가입 후 예약
(매월 1일에 다음 달 예약 오픈)

※13세 미만 어린이는 반드시 보호자와 함께 참여해야 합니다.

 다음 단어에 공통으로 들어가는 글자에 동그라미를 치고, 단어의 뜻을 찾아 선으로 연결해 보세요.

① 지진(地震)·

② 지도(地圖)·

· ㉮ 에너지가 방출되면서 **지각**이 흔들리는 일

· ㉯ **땅**의 상태를 일정한 비율로 줄여, 평면에 나타낸 그림

 왼쪽의 카드 뉴스를 읽고, 아래 내용이 맞으면 O, 틀리면 X 표시를 하세요.

- 지진은 지각의 여러 조각들이 서로 부딪치며 생긴다. (   )
- 안전 체험관은 나이에 상관없이 모두 이용 가능하다. (   )

 다음은 안전 체험관 홈페이지에 사람들이 남긴 문의 글입니다. 왼쪽 카드 뉴스를 읽고 해결하기 <u>어려운</u> 질문을 고르세요. (   )

① ID 안전지킴이: 이용 요금은 얼마인가요? 궁금해요, 알려 주세요~!
② ID 평화쉼터: 홈페이지에서 체험 예약을 했는데요, 예약 취소가 가능할까요?
③ ID 지혜의샘: 이번 주 수요일이 공휴일인데, 혹시 그날도 안전 체험관이 열려 있을까요?
④ ID 신나는주말: 부모님 없이 11살 친구들끼리 모여서 가도 될까요?

 풀잎이는 지진 체험 교실에 다녀온 뒤 일기를 썼습니다. 왼쪽 카드 뉴스의 내용과 거리가 <u>먼</u> 것을 고르세요. (   )

2025년 4월 22일 화요일

제목: 실감 났던 지진 체험

오늘 지진 체험 교실에 다녀왔다. 지진이 시작되자 생각보다 긴장이 되었다. ①<u>방이 흔들리는 동안에는 돌아다니지 않고 식탁 아래로 들어가 방석으로 머리를 감쌌다.</u> 진도가 7까지 올라가자 건물이 무너질 것만 같은 느낌이 들었다. ②<u>진동이 멈추자 가스 밸브를 잠그고 출입문을 열었다.</u> 그리고 ③<u>엘리베이터를 이용해 빠르게 대피했다.</u> 머릿속으로 상상할 때는 쉬웠는데 실제로 해 보니 다리가 덜덜 떨렸다. 체험 후에는 지진 대피 지도도 만들었다. ④<u>지진이 났을 때 가족들과 만날 수 있는 장소를 정해 놓으니</u> 안심되었다. 지진은 겪고 싶지 않지만, 이제는 실제로 닥쳐도 안전하게 대피할 자신이 생겼다.

안내문

화재 초기 소화기 1대는
소방차 1대보다 더 큰 효과가 있습니다.

화재 안전 가이드

01. 연소와 소화

불을 끄는 것을 '소화'라고 합니다. 불을 끄기 위해서는 연소의 조건인 '탈 물질, 산소, 발화점 이상의 온도' 중 한 가지 이상의 조건을 없애야 합니다.

예) 가스레인지 밸브를 잠그는 것 ▶ 탈 물질 없애기
예) 모래를 뿌리는 것, 불이 난 곳을 두꺼운 천으로 덮는 것 ▶ 산소 차단하기
예) 불이 난 곳에 물을 뿌리는 것 ▶ 발화점 미만으로 온도 낮추기

02. 소화기 사용 방법

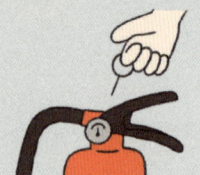   

1. 손잡이 옆에 있는 안전핀 뽑기
2. 노즐을 잡고 바람을 등지기
3. 손잡이 움켜쥐기
4. 바닥을 쓸 듯 골고루 뿌리기

〈주의〉 손잡이를 잡으면 안전핀이 뽑히지 않습니다. 소화기 몸통을 잡고 안전핀을 뽑아 주세요.
실내에서는 탈출이 쉽도록 출입구(비상구)를 등지고 사용합니다.

03. 소화기 점검

1. 압력계 확인: 바늘이 초록색에 있는지 확인
2. 사용 기한 확인: 기한이 지났으면 교체, 표시 없으면 제조일로부터 10년 경과 시 교체 또는 성능 검사
3. 외관 점검: 본체나 손잡이에 파손·부식이 없는지 확인
4. 보관 상태: 잘 보이고 사용하기 쉬운 곳에 두되, 통행 방해나 습기·직사광선은 피하기

화재 전화 119

1 다음 단어에 공통으로 들어가는 글자에 동그라미를 치고, 단어의 뜻을 찾아 선으로 연결해 보세요.

한자어 익히기

안 내

① 실내(室內) •
② 내외(內外) •
③ 내장(內臟) •

• ㉮ 안과 밖을 아울러 이르는 말
• ㉯ 방 안
• ㉰ 몸속에 있는 여러 기관

2 왼쪽의 안내문을 읽고, 아래 내용이 맞으면 O, 틀리면 X 표시를 하세요.

내용 이해하기

○ 안전핀을 뽑을 때에는 소화기의 손잡이를 잡아야 한다. (   )
○ 실내에서는 출입구를 바라보고 소화기를 사용하는 것이 좋다. (   )

3 풀잎이는 왼쪽 안내문을 보고 과학실에 있는 소화기를 점검해 보았습니다. 점검 결과가 다음과 같을 때 풀잎이의 반응으로 가장 거리가 먼 것은 무엇인가요? (   )

추론하기

① 안전핀, 손잡이, 몸통 등 겉면에 이상이 없는지 확인해야 해.
② 사용 기한이 없으면 제조 일자에 상관없이 더 사용해도 돼.
③ 압력계의 바늘을 보니 교체가 필요하겠어.
④ 직사광선을 피하도록 그늘로 옮겨 두면 좋겠어.

4 산불이 나면 사람들은 불이 번지는 것을 막기 위해 불길이 예상되는 곳의 나무를 뱁니다. 이러한 행동은 왼쪽 안내문에서 소개한 소화의 원리 중 어디에 해당하는지 골라 보세요. (   )

추론하기

① 탈 물질 없애기
② 산소 차단하기
③ 발화점 미만으로 온도 낮추기
④ 세 가지 모두 해당

가정 통신문

5월 보건 소식

뽀드득, 손을 씻어요!

여러분은 5월 5일이 무슨 날인지 아시나요? 대부분 '어린이날'을 떠올리겠지만, 이날은 세계 보건 기구가 지정한 '세계 손 위생의 날'이기도 합니다.

손을 가장 쉽게 오염시키는 물건은 무엇일까요? 바로 휴대 전화입니다. 하루 평균 150번 이상 만지는 데다, 식탁이나 가방 등에 아무렇게나 놓기 쉬워 심한 경우 변기보다 세균이 10배 많을 수 있습니다. 실제로 2019년 조사에서는 초중고생 휴대 전화의 30%에서 식중독균이 검출되기도 했습니다.

㉠ 엘리베이터 버튼이나 쇼핑 카트 손잡이처럼 많은 사람이 만지는 물건을 접한 뒤에는 손을 씻는 것이 좋습니다. 특히 지폐를 만진 후에는 반드시 손을 씻어야 합니다. 지폐에는 손에서 나온 기름이나 각질, 체온 등이 남아 세균이 자라기 좋은 환경이 되기 때문입니다.

손은 어떻게, 얼마나 자주 씻어야 할까요? 손 씻을 때는 비누를 사용해 30초 이상 꼼꼼히 씻어야 합니다. 30초를 세기 어렵다면 생일 축하 노래를 두 번 부르며 씻는 방법도 좋습니다. 비누 없이 물로만 손을 씻거나 30초보다 짧게 씻으면 세균이 완전히 제거되지 않는데, 비누 속 계면활성제가 세균의 막을 파괴하려면 충분한 시간이 필요하기 때문입니다. 또한 손이 아무리 깨끗해 보여도, 세균 한 마리가 붙으면 1시간 뒤 64마리, 3시간 뒤에는 약 26만 마리까지 늘어날 수 있습니다. 따라서 손은 자주, 올바른 방법으로 씻는 것이 중요합니다.

올바른 손 씻기는 감염병을 막고 면역력도 높이는 가장 쉬운 건강 습관입니다. 오늘부터 제대로 손 씻기, 함께 실천해 볼까요?

2025. 5. 1. 풀잎초등학교장

 1. 다음 단어에 공통으로 들어가는 글자에 동그라미를 치고, 단어의 뜻을 찾아 선으로 연결해 보세요.

① 체온(體溫) •   • ㉮ 몸의 힘
② 체육(體育) •   • ㉯ 몸의 온도
③ 체력(體力) •   • ㉰ 일정한 운동 등으로 신체를 단련하는 일

 2. 왼쪽의 가정 통신문을 읽고, 아래 내용이 맞으면 O, 틀리면 X 표시를 하세요.

○ 지폐에는 세균이 살기 힘들다. (   )
○ 손 씻기는 감염병 예방에 효과적이다. (   )

 3. 가정 통신문의 ㉠에 들어갈 문장으로 가장 적절한 것을 고르세요. (   )

① 손 씻기는 언제 하는 것이 좋을까요?
② 손 씻기를 쉽게 할 수 있는 장소는 어디인가요?
③ 손 씻기는 어떻게 해야 하나요?
④ 손 씻기의 좋은 점은 무엇인가요?

 4. 풀잎이는 다음과 같은 자료를 보게 되었습니다. 왼쪽 가정 통신문을 읽고 떠올릴 수 있는 반응으로 가장 거리가 먼 것은 무엇인가요? (   )

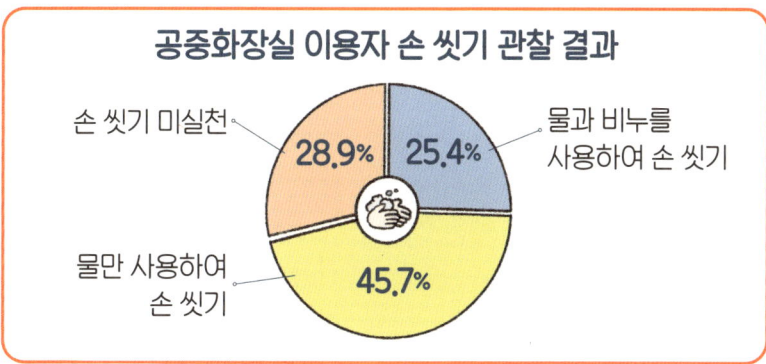

① 여러 사람이 사용하는 공중화장실을 이용한 후에는 손을 씻어야 해.
② 손을 씻지 않은 사람들 손에 있는 세균은 3시간 후 대부분 사라질 거야.
③ 비누 없이 물로만 손을 씻는 사람이 가장 많아.
④ 손을 씻지 않은 사람보다 씻은 사람이 많아서 다행이야.

> 설명서

콩나물 재배기 사용 설명서

관찰하는 기쁨, 수확하는 행복

손바닥 한 뼘 공간이면 충분! 재미있게 기르고 건강도 챙기세요.

사용 방법

1. 콩을 씻어 20~25℃의 미지근한 물에 8~9시간 불립니다.
2. 콩이 처음 크기의 2배가 되면 채반에 담고 불린 물을 부어 줍니다.
3. 하루 5~6회 콩에 물을 뿌려 줍니다.
4. 싹이 트면 검은 뚜껑을 닫아 빛을 차단합니다.
5. 5~6일 후 콩나물이 용기 위로 넘칠 만큼 자라면 수확합니다.

콩나물 키우기 꿀팁

- 빛이 들지 않는 서늘한 곳에 보관하세요.
- 여름철엔 물을 자주 주어야 콩이 마르거나 질겨지지 않습니다.
- 물을 주지 않을 때에는 검은 뚜껑이나 천, 비닐로 빛을 차단하세요.
- 콩을 바로 사용하지 않을 경우 상할 수 있으므로 냉동 보관해 주세요.

콩나물 재배기 원리

식물이 자라기 위해서는 물, 빛, 적당한 온도가 필요합니다. ㉠ 콩나물은 빛을 차단해 키우는 것이 좋습니다. 빛이 부족하면 성장 호르몬 분비가 활발해져 길게 자라는 것은 물론, 줄기가 약해져 부드러운 식감의 콩나물이 되기 때문입니다. 햇빛을 보면 머리가 초록색으로 변하고, 질기고 비린내가 날 수 있지만, 초록 콩나물에는 비타민 B2, C가 더 많아 영양 면에서는 좋습니다. 따라서 머리 색이 변해도 먹는 데에는 문제가 없습니다.

콩나물 수확하는 법

채반 윗부분을 가위로 잘라 콩나물을 수확합니다. 콩나물을 물에 담갔다가 건져 내면 콩나물 껍질을 쉽게 제거할 수 있습니다.

1 다음 단어에 공통으로 들어가는 글자에 동그라미를 치고, 단어의 뜻을 찾아 선으로 연결해 보세요.

차가울 냉

① 냉동(冷凍) • • ㉮ 생각이나 판단이 감정에 치우치지 않고 **이성적**으로 철저함

② 냉면(冷麵) • • ㉯ 식품 등을 **저온**에서 저장하는 장치

③ 냉장고(冷藏庫) • • ㉰ 생선이나 육류 따위를 신선하게 보관하기 위해 **얼림**

④ 냉철(冷徹) • • ㉱ **차갑게** 해서 먹는 국수

2 왼쪽의 설명서를 읽고, 아래 내용이 맞으면 O, 틀리면 X 표시를 하세요.

- 노란색 콩나물은 초록색 콩나물에 비해 질기고 비린내가 난다. (   )
- 콩나물에 싹이 자라기 시작하면 빛을 막아 어둡게 해야 한다. (   )

3 다음 중 왼쪽 설명서에 제시된 정보가 필요하지 <u>않은</u> 사람은 누구인가요? (   )

① 머리가 초록색으로 변한 콩나물을 버려야 할지 궁금한 사람
② 콩나물의 껍질을 쉽게 제거하고 싶은 사람
③ 콩나물을 활용한 음식의 종류가 궁금한 사람
④ 구입한 콩나물 재배기의 콩을 바로 사용하지 않을 사람

4 설명서의 ㉠에 들어갈 말로 가장 적절한 것은 무엇인가요? (   )

① 하지만
② 그러므로
③ 왜냐하면
④ 또한

동영상

안녕하세요! 오늘의 주제는 'MBTI는 과학적일까?'입니다. 요즘 10대들은 친구를 처음 만나면 자연스럽게 서로의 MBTI를 묻는다고 하죠.

맞아요. 저희 때는 혈액형이나 별자리 성격 테스트가 유행이었죠. 세대는 달라도 성격을 유형별로 나누는 테스트는 여전히 인기가 많습니다.

이렇게 꾸준히 인기 있는 이유는 뭘까요?

심리학에서는 '바넘 효과'로 설명할 수 있어요. 이는 누구에게나 해당되는 말인데도, 자신에게만 해당된다고 믿는 현상이에요. 1948년 포러 교수는 학생들에게 모두 같은 내용의 성격 검사 결과지를 나눠 줬는데, 대부분 자신의 성격과 일치한다고 답변했습니다.

㉠사실을 알고 학생들은 정말 놀랐겠어요!

네. 이것은 결과지에 대부분의 사람에게 해당하는 말이 쓰여 있었기 때문입니다. 예를 들어, '당신은 사교적이지만 가끔 혼자만의 시간이 필요해요.'와 같은 문장은 많은 사람들에게 해당될 수 있습니다. 또 '당신은 솔직하려고 노력해요.'와 같은 칭찬은 마치 내 이야기처럼 느껴져 더 믿게 만듭니다.

성격 테스트를 맹신하는 건 위험할 수도 있겠네요.

맞습니다. 하지만 모든 성격 테스트가 비과학적인 것은 아니랍니다. 오랫동안 연구되어 높은 정확도를 가진 검사들도 있습니다.

중요한 건 바넘 효과를 알고 적절히 활용하는 것이겠네요. 광고 속 과장된 표현에 현혹되지 않도록 주의해야겠어요. 좋은 설명 감사합니다.

다음 단어에 공통으로 들어가는 글자에 동그라미를 치고, 단어의 뜻을 찾아 선으로 연결해 보세요.

한자어 익히기

대답 답

① 답변(答辯) •
② 오답(誤答) •
③ 문답(問答) •
④ 답신(答信) •

• ㉮ 어떠한 물음에 **대답**함
• ㉯ 물음과 **대답**
• ㉰ 잘못된 **대답**
• ㉱ 받은 통신이나 서신에 대한 **대답**

왼쪽의 동영상을 보고, 아래 내용이 맞으면 O, 틀리면 X 표시를 하세요.

내용 이해하기

- 바넘 효과란 많은 사람들에게 적용되는 특징이 나에게만 해당된다고 믿는 심리 현상이다. (   )
- 모든 성격 테스트에는 과학적 근거가 없기 때문에 믿으면 안 된다. (   )

동영상 속 ㉠의 이유로 가장 적절한 것은 무엇인가요? (   )

추론하기

① 검사를 한 학생들의 성격이 실제로 모두 똑같았기 때문
② 학생들 모두 같은 종류의 성격 검사를 받았기 때문
③ 성격 검사 결과지에 적힌 내용이 모두 같았기 때문
④ 성격 검사 결과지를 모두 동시에 읽어 보았기 때문

다음 중 바넘 효과를 활용한 광고로 보기 <u>어려운</u> 것은 무엇인가요? (   )

적용하기

① 지금 여기, 당신의 성공을 위한 투자 전략 ○○증권
② ○○샐러드. 특별한 입맛을 사로잡습니다.
③ 스마트한 당신에게 딱 맞춘, ○○안경
④ ○○마트 빅 세일, 이번 주가 지나면 할인은 종료됩니다.

신문 기사

풀잎 신문

2025년 7월 1일

㉠청정에너지의 두 얼굴…
풍력 발전기를 둘러싼 갈등 깊어져

풍력 발전기를 둘러싼 갈등이 **심화**되고 있다. 아름다운 산과 철새로 유명한 ○○시의 이야기다.

풍력 발전기는 바람의 힘으로 모터를 돌려 전기를 만든다. 화석 연료 대신 바람을 이용해 이산화 탄소 등 오염 물질을 배출하지 않으며, 바람은 무료이자 무한해 경제적이기도 하다. 이렇게 친환경적인 풍력 발전기가 주민들 사이에서 <u>갈등의 씨앗</u>이 되고 있는 이유는 무엇일까?

탁 트인 산세를 가로막는 풍력 발전기 설치 이후, ○○시의 관광객 수는 눈에 띄게 줄었다. 관광업이 주요 수입원인 ○○시 주민들에게는 <u>눈엣가시</u>일 수밖에 없는 이유이다. 풍력 발전기가 <u>천덕꾸러기</u> 취급을 받게 된 이유는 또 있다. 바로 풍력 발전기의 터빈이 돌아가며 발생하는 소음이다. 소음으로 인해 인근에 거주하는 주민은 물론 가까운 곳의 숙박 시설을 이용하는 고객들까지 정신적·경제적 피해를 호소하고 있다.

풍력 발전기는 철새에게도 위협이 된다. 50m가 넘는 블레이드에 새들이 부딪쳐 다치거나 죽고, 철새 이동도 줄어들어 지역 생태계를 위협한다. 이러한 문제를 해결하기 위해 소음을 줄이는 날개 설계, 새들이 잘 보이도록 색을 칠한 블레이드, 날개 없는 발전기 등을 개발하고 있다.

이러한 노력에도 불구하고, 풍력 발전기로 인한 갈등은 <u>현재 진행형</u>이다. 친환경 에너지라는 이점을 고려하면서도, 환경 보호와 지역 사회의 이익 사이에서 균형을 찾는 것이 중요한 때이다.

1 다음 단어에 공통으로 들어가는 글자에 동그라미를 치고, 단어의 뜻을 찾아 선으로 연결해 보세요.

깊을 심

① 심화(深化) •   • ㉮ 깊게 함 또는 깊어짐
② 심심(甚深) •   • ㉯ 밤이 깊음
③ 심야(深夜) •   • ㉰ 깊은 바다
④ 심해(深海) •   • ㉱ 마음의 표현 정도가 매우 깊고 간절함

※ '심심한 사과'는 깊은 사과 또는 진심 어린 사과를 뜻해요.

2 왼쪽의 신문 기사를 읽고, 아래 내용이 맞으면 O, 틀리면 X 표시를 하세요.

- 풍력 발전기는 파도의 힘으로 전기를 생산한다. (   )
- 풍력 발전기는 이산화 탄소를 배출하지 않아 친환경적이다. (   )

3 다음은 사전에서 찾은 '두 얼굴'의 뜻입니다. 다음을 참고하여 왼쪽 신문 기사에서 ㉠이 의미하는 바를 골라 보세요. (   )

두 얼굴
(어떤 사물이나 사람이) 동시에 지닌 상반되는 두 가지 성질

① 청정에너지인 풍력 발전기의 장점과 단점
② 청정에너지인 풍력 발전기의 크기와 종류
③ 청정에너지인 풍력 발전기의 과거와 현재
④ 청정에너지인 풍력 발전기의 모양과 색깔

'천의 얼굴'은 천 가지 얼굴을 가진 것처럼 '다양한 모습'이라는 뜻이 있어요.

4 왼쪽 신문 기사의 밑줄 친 낱말 중 나머지와 가리키는 것이 다른 하나는 무엇인가요? (   )

① 갈등의 씨앗
② 눈엣가시
③ 천덕꾸러기
④ 현재 진행형

오늘의 놀이 기록 _ 그림자밟기 놀이

 풀잎로그 2025.09.07. 19:28　　　　URL 복사　+이웃추가

오랜만에 친척 동생들이 집에 놀러 왔다.
심심하다는 동생들의 아우성에 집 앞 놀이터에서 그림자밟기 놀이를 하기로 했다.

놀이 방법

1. 놀이 영역을 정한다. 물을 붓거나, 분필 등을 이용해 경계를 표시할 수 있다.
2. 가위바위보로 술래 한 명을 정한다. 사람이 많으면 술래를 여러 명 정해도 된다.
3. 술래가 10초를 세는 동안 다른 사람 그림자를 밟는다. 시간은 줄이거나 늘릴 수 있다.
4. 술래에게 그림자를 밟힌 사람은 술래가 된다.

유의 사항

1. 그림자가 선명히 잘 보이는 날 고르기 - 구름이 낀 흐린 날보다 햇볕이 쨍한 날이 좋다.
2. 그림자가 생기는 원리 알아보기 - 우리 몸이 햇빛을 가려 몸 뒤쪽으로는 빛이 닿지 않기 때문에 몸 뒤로 어두운 그림자가 생긴다.
3. 그림자의 모양 살펴보기 - 빛은 직진하는 성질이 있어 곧게 나아가다 물체에 닿으면 더 이상 나가지 못한다. 따라서 그림자의 모양은 우리 몸의 모양과 비슷하다.

아침에 해가 낮게 떠 있을 때는 그림자가 길어서 밟기가 쉬웠는데
점심 때쯤 해가 머리 위로 이동하니 그림자가 짧아져 밟기가 생각보다 어려웠다.
중요한 건 언제 해도 그림자밟기 놀이는 참 재미있다는 것이다.

 **1** 다음 단어에 공통으로 들어가는 글자에 동그라미를 치고, 단어의 뜻을 찾아 선으로 연결해 보세요.

 한자어 익히기

기록할 기

① 기록(記錄) •

② 일기(日記) •

③ 사기(史記) •

• ㉮ 역사적 사실을 **적은** 책

• ㉯ 후일에 남길 목적으로 어떤 사실을 **적은** 글

• ㉰ 그날 있었던 일이나 생각, 느낌 따위를 **적는** 글

 **2** 왼쪽의 블로그를 읽고, 아래 내용이 맞으면 O, 틀리면 X 표시를 하세요.

내용 이해하기

- 그림자밟기 놀이의 술래는 1명이어야 한다. (   )
- 그림자는 빛이 닿지 않는 곳에 생긴다. (   )

 **3** 다음 중 그림자를 가장 밟기 쉬운 때는 언제인가요? (   )

추론하기

① 맑은 날 낮 12시
② 흐린 날 오후 3시
③ 맑은 날 아침 9시
④ 비 오는 날 밤 10시

 **4** 풀잎이는 친척 동생들과 손그림자 놀이를 했습니다. 아래 빈칸에 들어갈 알맞은 말을 골라 보세요. (   )

추론하기

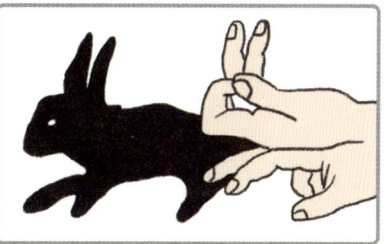

풀잎: 짜잔! 이건 무슨 모양이게?
동생1: 토끼?
풀잎: 정답이야! 손가락 모양이랑 그림자 모양이 닮았지?
동생2: 그러게~! 신기하다!
풀잎: 그렇지? 빛은 [   ]하기 때문에 손전등의 빛이 손에 가로막혀 어두운 부분이 생기기 때문이야.

① 선명   ② 직진   ③ 흐릿   ④ 굴절

함께 떠나는 동물 탐험! 풀잎랜드 사파리 투어

기간: 연중(하절기 8월, 동절기 1월 미운영)
비용: 팀당 3만원(현장 결제 필요)
인원: 팀당 최대 6명
내용: 사육사의 설명을 들으며 멸종 위기 동물들을 가까이에서 만날 수 있어요.

안내 사항
- 예약 취소는 전날 오전 10시까지 가능합니다.
- 기상 및 동물 컨디션에 따라 취소될 수 있으니 투어 하루 전 홈페이지를 확인해 주세요.
- 물에 사는 동물 탐험 시 옷이나 신발이 젖을 수 있습니다.
- 투어 비용 일부는 멸종 위기 동물 보호에 사용되며, 투어 종료 후 동물 배지를 무료로 드립니다.

생태계 평형이란?
- 우리는 멸종 위기 동물을 왜 보호해야 할까요? 한 종류의 동물이 사라지면 생태계 평형이 깨질 수 있기 때문이에요. 생태계 평형이란 생태계를 구성하는 생물의 종류와 수가 균형을 이루며 안정적인 상태를 유지하는 것을 말해요.
㉠예를 들어 매는 개구리를, 개구리는 메뚜기를, 메뚜기는 벼를 먹이로 살아가는데요, 이중 개구리가 사라지면 먹이가 부족해진 매도 함께 멸종하게 됩니다. 또한 천적이 사라진 메뚜기는 수가 너무 많아지기 때문에, 메뚜기의 먹이인 벼도 함께 사라지며 생태계의 균형은 완전히 무너지게 됩니다.
- 실제로 지구에서는 60초마다 한 종의 동물이 사라지고 있어요. 풀잎랜드 사파리 투어에서 멸종 위기 동물에 대해 배우고, 이들을 지키는 데 함께해요.

 **1** 다음 단어에 공통으로 들어가는 글자에 동그라미를 치고, 단어의 뜻을 찾아 선으로 연결해 보세요.

한자어 익히기

① 하절기(夏節期) •

② 입하(立夏) •

• ㉮ 24절기 중 하나로 **여름**이 시작되는 시기

• ㉯ **여름**철

 **2** 왼쪽의 안내문을 읽고, 아래 내용이 맞으면 O, 틀리면 X 표시를 하세요.

내용 이해하기

- 1월과 8월에는 사파리 투어를 운영하지 않는다. (   )
- 방문 당일에도 예약을 취소할 수 있다. (   )

3 생물 사이에 먹고 먹히는 관계가 사슬처럼 연결되어 있는 것을 먹이 사슬이라고 합니다. 먹이 사슬의 화살표는 잡아먹히는 생물에서 잡아먹는 생물 방향으로 긋는다고 할 때, 다음 그림에 안내문의 ㉠ 내용을 나타내는 화살표를 그어 보세요.

적용하기

 **4** 다음은 사파리 투어를 위해 준비한 체크 리스트입니다. 왼쪽 안내문과 가장 거리가 먼 것은 무엇인가요? (   )

내용 이해하기

☐ ① 투어 비용 챙겨 가기
☐ ② 투어 전날 홈페이지 확인하기
☐ ③ 옷 또는 신발이 젖을 수 있으므로 수건 챙기기
☐ ④ 동물 배지 구매 비용 챙겨 가기

가정 통신문

태풍으로 인한 등교 시간 변경 안내

풀잎초등학교 가족 여러분 안녕하십니까? 현재 태풍이 빠르게 북상 중이며, 서울 및 수도권은 태풍의 '위험 반원'에 들어 큰 피해가 우려됩니다. 이에 따라 학생들의 안전을 위해 등교 시간을 아래와 같이 조정하고자 합니다. 가정에서도 태풍으로 인한 비상 상황에 대비해 학생 안전에 각별히 유의해 주시기 바랍니다.

☞ **등교 시간 변경 사항**

변경 전	변경 후
9시	9시 40분

가. 날 짜: 2025년 9월 5일(금)
나. 대 상: 1~6학년 전교생
다. 기 타:
 - 하교 시간은 변동 없이 이전과 동일하며 방과 후 학교 및 돌봄 교실은 정상 운영됩니다.
 - 학생들의 안전을 위하여 등교 및 하교 스쿨버스는 운영되지 않습니다.

☞ **태풍 행동 요령**

구분	학생 행동 요령
등교 전	○ 태풍의 경로는 수시로 바뀌므로 뉴스와 안전 안내 문자 등을 확인하여 진로 및 도달 시간을 파악한다. ○ 우산, 우비, 장화 등 우천 대비 용품을 준비한다. ○ 되도록 밝은색의 옷을 입고 등교한다.
등·하교 시	○ 걸어가는 중에 스마트폰 사용을 자제한다. ○ 평지에 있는 키 큰 나무나 전봇대에는 벼락이 칠 가능성이 크므로 피한다. ○ 간판이 떨어지거나 담벼락이 무너지는 등 보행 중 주변의 사고 발생에 유의한다. ○ 침수 위험이 있는 저지대는 피한다.
학교에서	○ 시설물 파손이나 누수 발견 시 즉시 선생님에게 알린다.
가정에서	○ 정전 등에 대비해 손전등을 미리 준비한다. ○ 강풍으로 인한 유리창 파손 방지를 위해 창틀에 종이나 헝겊, 스펀지 등을 끼워 흔들림을 최소화한다.

2025. 9. 3. 풀잎초등학교장

 **1** 다음 단어에 공통으로 들어가는 글자에 동그라미를 치고, 단어의 뜻을 찾아 선으로 연결해 보세요.

한자어 익히기

低
낮을 저

① 저지대(低地帶) •
② 저렴(低廉) •
③ 고저(高低) •

• ㉮ 물건 값이 싸다
• ㉯ 낮은 지대
• ㉰ 높고 낮은 정도

 **2** 왼쪽의 가정 통신문을 읽고, 아래 내용이 맞으면 O, 틀리면 X 표시를 하세요.

내용 이해하기

○ 등교 시간과 하교 시간 모두 40분씩 미뤄진다. (   )
○ 학교에서 물이 새는 곳을 발견하면 즉시 선생님께 알린다. (   )

 **3** 왼쪽 가정 통신문을 읽고 태풍 대비 행동으로 적절하지 <u>않은</u> 것을 고르세요. (   )

내용 이해하기

① 뉴스를 통해 태풍 이동 경로 수시로 확인하기
② 등교할 때 필요한 우산, 장화, 어두운색 옷 준비하기
③ 손전등 찾아 잘 작동되는지 확인하기
④ 두툼한 종이를 접어 창틀에 끼우기

 4 태풍의 이동 경로를 찾아보고 풀잎이가 한 생각으로 적절한 것은 무엇인가요? (   )

적용하기

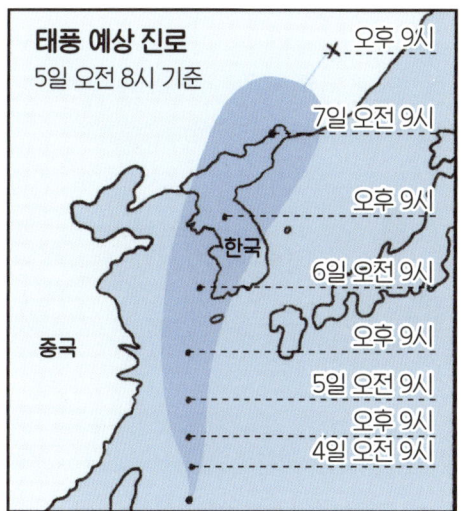

① 우리나라는 4일에 태풍의 영향이 가장 크겠어.
② 태풍의 경로는 언제든지 바뀔 수도 있으니 뉴스를 자주 확인해야겠어.
③ 우리나라는 6일이 되어야 태풍의 영향으로부터 벗어날 수 있겠네.
④ 이번 태풍은 북쪽에서 남쪽으로 이동하고 있어.

어린이용 드론 사용 설명서

㉠드론은 조종사가 탑승하지 않아도 자유자재로 움직이기 때문에 곳곳에서 유용하게 쓰이고 있습니다. 드론과 함께 행복한 시간 보내세요!

안전 유의 사항

1. 충돌을 막기 위해 주변의 위험한 물건은 미리 정리해 주십시오.
2. 배터리를 고온에 두지 마십시오. 폭발 및 화재의 위험이 있습니다.
3. 제어가 가능하도록 드론이 조종자의 시야 안에 들어오게 하십시오.

비행 준비

1. 전원 스위치를 눌러 전원을 켭니다.
2. 왼쪽 레버를 위로 끝까지 올렸다가 아래쪽으로 내립니다. 조종기의 불빛이 빠르게 깜빡이다 느려지면 비행 준비가 된 것입니다.
3. 왼쪽, 오른쪽 레버를 안쪽 아래로 내린 채 1초간 유지하면 프로펠러가 천천히 돌아가기 시작합니다. 프로펠러 회전을 멈추는 것도 같은 방법으로 가능합니다.

비행 방법

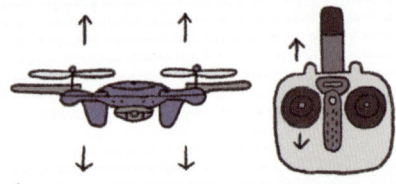

조종기의 왼쪽 레버를 위아래로 움직이면 기체가 올라가거나 내려갑니다.

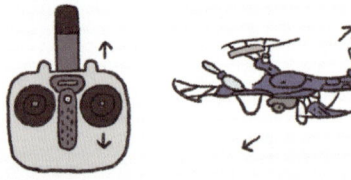

조종기의 오른쪽 레버를 위아래로 움직이면 기체가 앞으로 또는 뒤로 이동합니다.

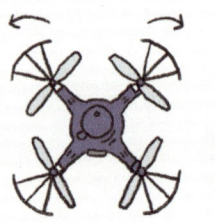

조종기의 왼쪽 레버를 왼쪽으로 움직이면 기체가 좌회전, 오른쪽으로 움직이면 우회전합니다.

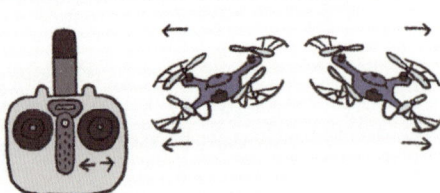

조종기의 오른쪽 레버를 왼쪽으로 움직이면 왼쪽으로 이동, 오른쪽으로 움직이면 오른쪽으로 이동합니다.

 1. 다음 단어에 공통으로 들어가는 글자에 동그라미를 치고, 단어의 뜻을 찾아 선으로 연결해 보세요.

한자어 익히기

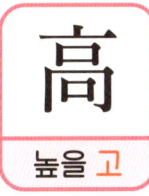
높을 고

① 고온(高溫)•　　　　• ㉮ 아주 **빠른** 속도

② 고속(高速)•　　　　• ㉯ **높은** 온도

③ 고저(高低)•　　　　• ㉰ **높고** 낮음

 2. 왼쪽의 설명서를 읽고, 아래 내용이 맞으면 O, 틀리면 X 표시를 하세요.

내용 이해하기

- 조종기의 불빛이 빠르게 깜빡이다가 느려지면 기체를 띄울 준비가 된 것이다. (　　　)
- 조종기의 왼쪽과 오른쪽의 레버를 안쪽 아래로 1초 동안 내리면 프로펠러의 회전을 멈출 수 있다. (　　　)

 3. 일정한 고도를 유지하며 제자리에서 비행하는 것을 호버링(Hovering)이라고 합니다. 다음과 같은 상황에서 호버링을 하려면 어떻게 해야 할지 골라 보세요.

적용하기

상황	조작 방법
기체가 아래로 떨어짐	조종기의 (왼 / 오른)쪽 레버를 (위 / 아래)로 움직입니다.
기체가 뒤로 밀림	조종기의 (왼 / 오른)쪽 레버를 (위 / 아래)로 움직입니다.

 4. 다음 중 설명서 속 ㉠의 사례로 적절하지 <u>않은</u> 것은 무엇인가요? (　　　)

추론하기

① 재난 구조 - 지진, 홍수 등의 재난 상황에서 실종자를 찾거나 재난 지역을 조사함
② 농업 지원 - 식물의 성장 상태를 조사하거나 병충해를 감지함
③ 사생활 침해 - 개인 공간에 침입하여 사생활이 노출됨
④ 의료 서비스 - 응급 약품이나 의료 장비를 전달함

동영상

윤박사님 안녕하세요!

안녕하세요! 아니 그런데 표정이 영…. 무슨 일 있으신가요?

어제 탄산음료를 먹다 남겼는데, 탄산이 다 빠져 버렸지 뭐예요.

저런! 그럼 오늘은 탄산을 지키는 꿀팁을 전수해야겠네요. 탄산은 이산화 탄소가 녹아 있는 상태인데, 높은 압력과 낮은 온도일수록 잘 유지돼요.

높은 압력과 낮은 온도요. 쉬우면서도 어렵네요. 조금 더 구체적으로 설명해 주실 수 있나요?

첫 번째 방법은 병뚜껑을 꽉 닫는 것입니다. 뚜껑을 여는 순간 칙- 소리와 함께 병 안의 압력은 낮아지고, 이산화 탄소가 음료 속에 더 이상 녹아 있을 수 없어 빠져나오게 됩니다. 그러므로 보관할 때에는 병뚜껑을 꽉 닫는 것이 좋습니다.

에이, 너무 시시한데요.

빠르게 두 번째 방법을 알려 드릴게요. 바로 냉장고에 보관하는 것입니다. 이산화 탄소는 온도가 높을수록 더 쉽게 기체 상태로 돌아가려고 하고, 온도가 낮을수록 액체에 쉽게 녹아 들어갑니다. 따라서 차가운 상태에서 마실 때 탄산을 더 잘 느낄 수 있는 것이죠.

그렇군요. 알려 주신 원리를 이용하면 탄산음료 뚜껑을 열다가 터지는 일도 막을 수 있을까요?

좋은 질문이에요. 탄산음료를 떨어뜨렸을 경우, 뚜껑을 열기 전 병을 꾹꾹 눌러 주면 폭발을 막을 수 있습니다.

이야, 진정한 꿀팁이네요. 유용한 말씀 감사합니다.

 **1** 다음 단어에 공통으로 들어가는 글자에 동그라미를 치고, 단어의 뜻을 찾아 선으로 연결해 보세요.

한자어 익히기

① 전수(傳授) •

② 수수(授受) •

• ㉮ 기술이나 지식 따위를 전하여 **줌**

• ㉯ 물품을 주고받음

※ '수수'는 줄 수와 받을 수, 즉 주고받는다는 뜻이에요.
발음은 같지만 뜻이 반대인 한자가 모여 하나의 단어가 되었어요.

 **2** 왼쪽의 동영상을 보고, 아래 내용이 맞으면 O, 틀리면 X 표시를 하세요.

내용 이해하기

- 뚜껑을 열 때 '칙' 소리가 나면 병 안의 압력이 낮아진다. (   )
- 온도가 높을수록 이산화 탄소는 액체에 쉽게 녹는다. (   )

 **3** 동영상을 통해 알 수 있는 탄산을 지키는 방법과 그 원리를 알맞게 짝지어 보세요.

내용 이해하기

방법	원리
① 병뚜껑을 꽉 닫는다. •	• ㉠ 낮은 온도를 유지한다.
② 냉장고에 보관한다. •	• ㉡ 높은 압력을 유지한다.

 **4** 다음은 왼쪽 동영상을 보고 풀잎이와 동생이 나눈 대화입니다. 흐름상 적절하지 <u>않은</u> 내용은 무엇인가요? (   )

내용 이해하기

동생: 어쩌지 누나? 콜라 캔을 실수로 떨어뜨렸어. 캔을 열면 터질 것 같은데…….
풀잎: 좋은 방법이 있어. 손으로 캔을 꾹꾹 눌러 봐.
동생: (캔을 손으로 누른 뒤 캔 뚜껑을 열어 보고) 와, 정말이네? 어떻게 된 거야?
풀잎: ①<u>손으로 캔을 눌러 캔 안의 압력을 높여 주는 거야.</u> ②<u>탄산은 음료에 이산화 탄소를 녹여 만들거든.</u> 그런데 ③<u>이산화 탄소는 낮은 온도에서 더 잘 녹기 때문에,</u> ④<u>캔이 떨어지면서 빠져나온 이산화 탄소가 다시 음료에 녹아들 수 있도록 하는 거지.</u>

신문 기사

풀잎 신문
2025년 7월 3일

돌멩이 함부로 가져가지 마세요! 제주 현무암 '수난 시대'

여행 기념으로 무심코 챙겼다간 큰코다칠 수 있어
적발 시 5년 이하 징역 또는 5천만 원 이하 벌금

제주 공항 한쪽에 구멍 뚫린 돌멩이가 가득 쌓여 있다. 검색대에서 적발된 제주도의 명물, 현무암이다. 제주도에서는 길가의 주인 없는 돌멩이라도 섬 밖으로 함부로 가져갈 수 없다. 왜일까?

제주도는 화산 활동으로 만들어진 섬이다. 화산이 활동하면 용암이 분출되는데, 뜨거운 용암이 차가운 공기나 바닷물을 만나면 급격히 식으며 굳어진다. 그 과정에서 용암 안에 있던 가스가 빠져나오면서 구멍이 생기고, 이 구멍이 메꿔질 새도 없이 굳으면 현무암이 된다. 이렇게 만들어진 현무암은 독특한 모습으로 많은 사랑을 받으며, 제주를 대표하는 관광 자원이 되었다. 따라서 현무암을 반출하는 것은 자연 훼손은 물론 관광 산업에도 악영향을 줄 수 있어 금지된 것이다. 하지만 외국인 관광객은 물론 내국인 관광객까지도 이러한 사실을 모르고 제주 방문 기념품으로 현무암을 챙기는 일이 비일비재하다. 심지어 알고 있음에도 불구하고 몰래 현무암을 가져가려는 사람들도 있어 제주도의 ⓐ현무암은 그야말로 '몸살'을 앓고 있다.

제주도 밖으로 현무암 반출이 가능한 경우는 다음과 같다. 가로와 세로가 10cm 미만이거나, 전시 또는 연구 목적으로 도지사의 허락을 받은 경우이다. 또 무게가 1톤 이상이거나 100개 이상이라면 환경 정책 위원회의 심의를 받아야 한다.

현무암은 모두 함께 지켜야 할 소중한 천연자원이다. 즐거운 여행은 함부로 가져가지 않는 양심에서 시작됨을 명심해야 할 것이다.

1 다음 단어에 공통으로 들어가는 글자에 동그라미를 치고, 단어의 뜻을 찾아 선으로 연결해 보세요.

① 벌금(罰金) •　　　　• ㉮ 현재 가지고 있는 **돈**

② 현금(現金) •　　　　• ㉯ 축하하는 뜻으로 내는 **돈**

③ 축의금(祝儀金) •　　　　• ㉰ 죄 지은 사람에게서 벌로 받는 **돈**

※ '金'에는 쇠, 금, 돈 등의 여러 가지 뜻이 있어요. 여기에서는 '돈'의 뜻으로 쓰였어요.

2 왼쪽의 신문 기사를 읽고, 아래 내용이 맞으면 O, 틀리면 X 표시를 하세요.

- 제주도는 화산섬이다. (　　)
- 현무암은 용암이 천천히 식으면서 만들어졌다. (　　)

3 다음 중 왼쪽 신문 기사에서 의미하는 바가 <u>다른</u> 한 가지를 고르세요. (　　)

① 구멍 뚫린 돌멩이
② 제주도의 명물
③ 차가운 공기
④ 소중한 천연자원

4 왼쪽 신문 기사에서 ㉠의 뜻으로 가장 적절한 것을 고르세요. (　　)

① 현무암이 부서지고 심하게 훼손되고 있다.
② 현무암이 서서히 뜨거워지고 있다.
③ 현무암의 양이 점차 늘어나고 있다.
④ 현무암을 함부로 가져가 큰 피해를 입고 있다.

반려견 복제, 사랑일까요? 지나친 욕심일까요?

멍멍사랑 2024.09.01. 12:28   URL 복사 +이웃추가

안녕하세요, 여러분.
요즘 저희 커뮤니티의 ㉠뜨거운 감자, '반려견 복제' 이야기 들으셨나요? 최근 한 유튜버가 세상을 떠난 반려견을 너무 그리워한 나머지, 유전자 복제 기술을 이용해 반려견의 복제 강아지를 태어나게 했다는데요.

어떤 분들은 '그 마음 이해돼요.'라며, 반려견 복제가 반려동물을 잃은 뒤 겪는 상실감, 즉 '펫로스 증후군'을 이겨 내는 방법이 될 수 있다고 하더라고요.

하지만 동시에, 이런 복제 과정이 '동물 학대'나 '생명 윤리에 어긋난다.'는 비판도 많아요. 왜냐하면 복제를 위해 다음과 같은 일들이 벌어질 수 있기 때문이에요. 우선 건강한 개의 배를 열어 난자를 꺼내는 수술을 해요. 이 과정에서 다른 개가 고통을 겪고 희생되는 거죠. 또 복제된 강아지를 임신하고 낳아 줄 개가 필요한데, 이 개들은 원하지 않아도 그 일을 겪어야 해요.

여러분은 '반려견 복제'에 대해 어떻게 생각하시나요? 강아지를 사랑하는 마음으로 이해해야 할까요? 아니면, 생명을 마음대로 다루는 인간의 욕심으로 봐야 할까요?

여러분의 다양한 생각을 댓글로 나눠 주세요.

 **1** 다음 단어에 공통으로 들어가는 글자에 동그라미를 치고, 단어의 뜻을 찾아 선으로 연결해 보세요.

 한자어 익히기

 느낄 감

① 상실감(喪失感) • • ㉮ 마음속에서 일어나는 **느낌**이나 생각

② 공감(共感) • • ㉯ 무엇인가를 잃어버린 후의 **느낌**

③ 감상(感想) • • ㉰ 다른 사람과 같은 감정을 **느낌**

 **2** 왼쪽의 블로그 글을 읽고, 아래 내용이 맞으면 O, 틀리면 X 표시를 하세요.

내용 이해하기

○ 반려동물을 잃은 뒤 상실감이나 우울감을 경험하는 것을 '펫로스 증후군'이라고 한다. (   )

 **3** 다음은 블로그 내용 중 ㉠에 대한 설명입니다. ㉠과 바꾸어 쓸 수 있는 것을 고르세요. (   )

추론하기

'뜨거운 감자'는 너무 뜨거워서 손에 오래 들고 있을 수도 없고, 그렇다고 바로 먹을 수도 없습니다. 따라서 '뜨거운 감자'라는 표현은 사람마다 생각이 달라 쉽게 해결하거나 결론을 내리기 어려운 주제를 비유적으로 나타낼 때 사용해요.

① 재미있는 이야기   ② 민감한 논쟁 거리   ③ 반가운 소식   ④ 평범한 일상

 **4** 다음을 보고 의견이 비슷한 사람끼리 묶은 것을 골라 보세요. (   )

적용하기

㉠ 복구엄마: 과학 기술이 사람을 위로할 수 있다면, 그 자체로 가치 있다고 생각해요.
㉡ 말랑젤리: 생명 윤리는, 생명을 다룰 때 지켜야 할 중요한 약속 같은 거잖아요. 아무리 기술이 좋아져도 마음대로 생명을 조작하는 건, 선을 넘은 행동 같아요.
㉢ 냥냥펀치: 복제된 강아지라고 해도 추억까지 복제되는 건 아니잖아요. 사랑하는 마음은 알겠지만 한 생명을 위해 또 다른 생명이 다쳐서는 안 되죠.
㉣ 산책이좋아: 사랑해서 그런 선택을 한 것도, 그 과정에서 벌어지는 문제를 지적하는 것도 모두 일리가 있어요.

① ㉠㉡㉣   ② ㉡㉢㉣   ③ ㉢㉣   ④ ㉡㉢

안내문

추운 겨울, 안전한 캠핑을 위한
가스 사고 예방 안전 수칙

밀폐된 텐트에서 휴대용 가스용품을 사용하면 위험해요

텐트 안에서 부탄가스, 가스난로, 온수 매트 등을 쓰면 일산화 탄소에 중독될 수 있어요. 난방 기구는 열을 내기 위해 산소를 쓰고 이산화 탄소를 만드는데, 밀폐된 공간에서는 산소가 빨리 줄어, 그 대신 이산화 탄소를 태우며 일산화 탄소가 생겨요.
일산화 탄소는 무색, 무취, 무미라서 알아차리기 어렵고 위험해요. 텐트 안에서 난방 기구를 꼭 써야 할 때는, 환기구를 확보하고 일산화 탄소 경보기를 준비하세요.

잠들기 전, 방심은 금물이에요

일산화 탄소 중독은 피로감이나 졸음으로 나타나기 때문에 증상을 알아차리기 어려워요. 또한 일산화 탄소에 노출된 채 잠에 들 경우 ㉠치명적인 피해를 입을 수 있어요.
자기 전에는 난방 기구를 끄고 텐트 밖에 두어요.

난로를 끄고도 따뜻하게 잘 수 있어요

내복과 함께 얇은 옷을 여러 겹 입어요.
잠들기 전에 미리 핫팩을 넣어 침낭 속 온도를 높여요.
방수포를 깔아 땅에서 올라오는 냉기를 막아요.

캠핑 요리, 이렇게 즐겨요!

버너를 여러 개 연결하거나 버너보다 큰 불판을 쓰면 부탄가스가 과열될 수 있어요.
사용 후 남은 가스는 뚜껑을 닫아 서늘한 곳에 보관하고,
다 썼다면 구멍을 내어 분리 배출해 주세요.
사용 전에 KC 인증 마크가 있는지 확인해요.

 **5** 다음 단어에 공통으로 들어가는 글자에 동그라미를 치고, 단어의 뜻을 찾아 선으로 연결해 보세요.

① 밀폐(密閉) •   • ㉮ 열고 닫음
② 개폐(開閉) •   • ㉯ 문을 닫음
③ 폐문(閉門) •   • ㉰ 샐 틈 없이 꼭 막거나 닫음

※ '개폐'는 열 개와 닫을 폐, 즉 뜻이 반대인 한자를 합해 만든 말이에요. 비슷한 예로 내외(안+밖), 전후(앞+뒤), 왕래(가다+오다), 빈부(가난+부유), 인과(원인+결과) 등이 있어요.

 **6** 왼쪽의 안내문을 읽고, 아래 내용이 맞으면 O, 틀리면 X 표시를 하세요.

○ 잠잘 때 감기에 걸리지 않도록 난방 기구는 텐트 안에 두어야 한다. (   )
○ 사용한 부탄가스는 서늘한 곳에 보관해야 한다. (   )

 **7** 풀잎이는 왼쪽의 안내문을 보고 겨울 캠핑 4대 안전 수칙을 만들었습니다. 안내문의 내용과 거리가 먼 것을 고르세요. (   )

① 텐트 안에서 난방 기구 사용 시 환기하기
② 자기 전에 난방 기구 끄기
③ 버너보다 큰 불판 사용하기
④ KC 인증 마크 있는 캠핑용 가스 준비하기

 **8** 일산화 탄소는 흔히 '침묵의 살인자'라고도 불립니다. 왼쪽 안내문의 내용 중 그 이유로 가장 적절한 것을 골라 보세요. (   )

① 휴대용 난방 기구를 사용할 때 발생하기 때문
② 산소를 만들어 내기 때문
③ 졸음이 와서 알아차리기 쉽기 때문
④ 색깔, 냄새, 맛이 없어 알아차리기 어렵기 때문

가정 통신문

교내 발명품 경진 대회 안내

안녕하십니까? 본교에서는 학생들의 과학적 상상력과 탐구 능력 함양을 위해 다음과 같이 발명품 경진 대회를 실시하고자 합니다. 관심 있는 학생들의 많은 참여 바랍니다.

1. 대상: 4~6학년 학생

2. 출품 내용

가. 일상생활에서 직접 활용이 가능한 생활용품
나. 학생들의 학습 활동에 필요한 학용품
다. 교육적 효과를 높일 수 있는 완구
라. 폐자원을 활용하여 자원 절약, 에너지 개발 및 환경 보전에 기여하는 창작품

3. 출품 규격: 가로 120cm, 세로 90cm, 높이 60cm 이내

4. 출품할 수 없는 작품

가. 출품자가 직접 고안하지 않은 작품
나. 과학적 원리로 설명할 수 없는 작품
다. 인체에 해로운 작품

5. 기타

가. 표절 작품, 대리 작품, 기입상 작품 등 기타 정당하지 못한 작품을 출품한 학생은 향후 3년간 출품이 제한됨
나. 1인당 2작품까지 출품 가능함
다. 수상작은 11월 3일 오전 10시 교내 게시 예정
라. 출품 전 유사한 작품 검색 바람(국립 중앙 과학관 홈페이지 이용)

------------------------------- 절 취 선 -------------------------------

풀잎초 발명품 경진 대회 신청서

학년	반	이름	출품 제목(간단한 설명 포함)

*10월 24일 오후 3시까지 6학년 1반 교실로 제출(기한 ㉠엄수)

2025. 9. 3. 풀잎초등학교장

9 다음 단어에 공통으로 들어가는 글자에 동그라미를 치고, 단어의 뜻을 찾아 선으로 연결해 보세요.

물건 품

① 출품(出品) •
② 상품(商品) •
③ 작품(作品) •

• ㉮ 예술 창작의 **결과물**
• ㉯ 사고 파는 **물건**
• ㉰ 전람회, 박람회 등에 **물건**을 내놓음

10 왼쪽의 가정 통신문을 읽고, 아래 내용이 맞으면 O, 틀리면 X 표시를 하세요.

- 발명품의 크기가 정해진 가로, 세로, 높이를 벗어나면 안된다. (   )
- 같은 사람이 2개의 작품을 제출해도 된다. (   )

11 풀잎이는 가정 통신문을 보고 발명품 대회에 출품할 작품을 만들려고 합니다. 다음 중 출품이 가능한 것은 무엇인가요? (   )

① 작년에 같은 대회에 응모했다가 떨어진 작품
② 풀잎이 언니가 대신 만들어 준 작품
③ 3년 전 다른 학교 발명품 대회에서 우수상을 받은 작품
④ 친구가 만든 발명품을 보고 비슷하게 따라 만든 작품

12 다음은 가정 통신문에 있는 ㉠이 사용된 예시 문장입니다. 다음을 보고 ㉠의 뜻으로 가장 적절한 것을 고르세요. (   )

- 등교 시간 <u>엄수</u> 바랍니다.
- 경찰은 목격자에게 비밀 <u>엄수</u>를 부탁했다.

① 규칙이나 약속을 지킴
② 다른 사람의 의견을 그대로 따름
③ 굽히지 않고 맞서 버팀
④ 억지로 또는 강제로 요구함

날씨와 우리 생활

습도는 우리 생활에 어떤 영향을 미칠까요? 습도가 높으면 빨래가 잘 마르지 않고 음식이 빨리 상할 수 있습니다. 반대로 습도가 낮으면 감기에 걸리거나 화재가 발생할 수 있습니다. 우리가 생활하기에 적절한 습도는 40~60%입니다. 그렇다면 현재의 습도는 얼마일까요? 건습구 습도계로 습도를 측정해 봅시다.

실험 방법

1. 습도를 측정할 장소에 건습구 습도계를 설치합니다.
2. 건구와 습구 온도계의 온도가 변하지 않을 때까지 기다립니다.
3. 건구와 습구 온도를 각각 측정해서 기록합니다.
4. 건구 온도와 습구 온도의 차를 구합니다.
5. 습도표에서 건구 온도를 세로줄에서 찾아 표시합니다.
6. 습도표에서 건구 온도와 습구 온도의 차를 가로줄에서 찾아 표시합니다.
7. 가로와 세로가 만나는 곳을 찾습니다.

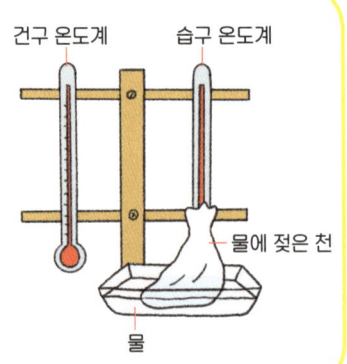

습도표

건구 온도 (°C)	건구 온도와 습구 온도의 차(°C)						
	0	1	2	3	4	5	6
10	100	88	77	66	55	44	34
11	100	89	78	67	56	46	36
12	100	89	78	68	58	48	39
13	100	89	79	69	59	50	41
14	100	90	79	70	60	51	42
15	100	90	80	71	61	53	44
16	100	90	81	71	63	54	46
17	100	90	81	72	64	55	47
18	100	91	82	73	65	57	49
19	100	91	82	74	65	58	50

예)
건구 온도가 15°C이고
습구 온도가 11°C일 경우
건구 온도와 습구 온도의 차는 4°C입니다.

따라서 현재 습도는 61%입니다.

건습구 습도계의 원리

공기가 건조하면 습구 온도계를 감싸고 있는 천의 물이 많이 증발합니다. 물이 증발할 때 온도계의 열을 빼앗기 때문에 습구 온도계의 온도가 건구 온도계의 온도보다 낮아집니다. 따라서 습도가 낮을수록 두 온도계의 온도 차가 큽니다.

 **13** 다음 단어에 공통으로 들어가는 글자에 동그라미를 치고, 단어의 뜻을 찾아 선으로 연결해 보세요.

① 건습(乾濕) •
② 건조(乾燥) •
③ 건초(乾草) •

• ㉮ **말라서** 습기가 없음
• ㉯ 베어서 **말린** 풀. 주로 사료나 퇴비로 씀
• ㉰ **마름**과 축축함

 **14** 왼쪽의 책을 읽고, 아래 내용이 맞으면 O, 틀리면 X 표시를 하세요.

- 습도가 낮으면 감기에 걸리기 쉽다. (   )
- 습도가 높으면 건구 온도와 습구 온도의 차이가 커진다. (   )

 **15** 풀잎이네 반 학생들은 건습구 습도계를 이용하여 과학실의 습도를 측정해 보기로 하였습니다. 건구와 습구의 온도가 다음과 같을 때 왼쪽 글의 습도표를 이용하여 습도를 구해 보세요.

조건 건구 온도 18°C 습구 온도 13°C   %

 **16** 왼쪽 책을 읽은 사람이 다음 글에 대해 보일 수 있는 반응입니다. 알맞은 말을 고르세요.

불쾌지수는 온도보다 습도의 영향을 더 많이 받아요. 기온이 높아도 습도가 낮으면 땀이 잘 증발해 불쾌감이 적어요. 땀은 증발하면서 체온을 낮추기 때문에 더위를 덜 느끼게 되는 거예요. 반대로 습도가 높으면 땀이 증발하지 않아 체온이 내려가지 않고, 더위와 끈적함이 계속되어 불쾌감이 커져요.

불쾌지수가 높은 장마철에 건습구 온도계로 습도를 측정하면 건구와 습구의 온도 차이가 | 적게 / 크게 | 나겠어.

> **동영상**

아름다워지고 싶은 마음은 모든 사람들의 공통된 욕망이죠.

맞습니다. 어린이도 예외는 아닙니다. 요즘에는 주변에서 화장품을 쉽게 접하다 보니 화장품을 사용하는 어린이 역시 빠르게 늘고 있습니다.

그런데 화장품에는 여러 가지 화학 물질들이 들어 있지 않나요?

인공 색소는 물론, 화장품의 변질을 막아 주는 보존제 등이 기준치 이상으로 포함된 경우가 많아 문제입니다.

어린이들의 피부는 어른보다 연약할 텐데요.

그렇습니다. 그러다 보니 화장품을 함부로 구입해서 사용하면 세균으로 인한 피부 질환에 노출될 수 있습니다. 또한 알코올은 피부를 건조하게 만들 수 있고, 파라벤 성분은 호르몬 장애를 일으킬 수 있어 조심해야 합니다.

어린이 화장품. 되도록 사용하지 않는 것이 좋겠습니다만, 사용한다면 정말 조심해서 골라야겠어요.

잘 고르는 방법이 있습니다. 첫째, 성분을 반드시 확인합니다. 성분 표시가 없는 제품은 구매하지 않습니다. 둘째, 안전성을 인증받았는지 확인합니다. KC 마크 등이 표시되어 있는지 확인합니다. 마지막으로 믿을 만한 회사의 제품을 선택합니다. 식품 의약품 안전처 홈페이지에서 조회할 수 있습니다.

그렇군요. 어린이들이 화장품을 사용할 때 주의해야 할 점도 있나요?

물론입니다. 첫째, 화장품 사용 전 손을 씻어야 합니다. 둘째, 화장품을 돌려 쓰지 않습니다. 감염이나 오염의 위험이 있기 때문인데요. 특히 친구들과 화장품을 돌려 쓰는 것을 ㉠(지양 / 지향)합니다. 셋째, 사용 기한을 지킵니다. 사용 기한을 무시하고 사용했다가는 심각한 피부 질환으로 이어질 수 있어요.

이 영상을 보고 있는 어린이 여러분은 화장품을 사용하지 않아도 있는 그대로 빛나고 예쁘다는 사실, 잊지 말아 주세요.

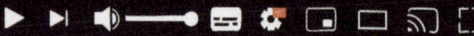

17 다음 단어에 공통으로 들어가는 글자에 동그라미를 치고, 단어의 뜻을 찾아 선으로 연결해 보세요.

한자어 익히기

共
함께/같이 공

① 공통(共通) •
② 공감(共感) •
③ 공생(共生) •

• ㉮ 둘 또는 그 이상의 여럿 사이에 **함께** 통하고 관계됨
• ㉯ 남의 감정, 의견, 주장 따위에 대하여 **똑같다고** 느낌
• ㉰ 서로 도우며 **함께** 삶

18 왼쪽의 동영상을 보고, 아래 내용이 맞으면 O, 틀리면 X 표시를 하세요.

내용 이해하기

- 화장품을 함부로 구입하여 사용하면 피부 질환이 생길 수 있다. (   )
- 식품 의약품 안전처 홈페이지에서 화장품 업체의 정보를 조회할 수 있다. (   )

19 다음 중 왼쪽 동영상에 제시된 정보가 가장 필요한 사람은 누구인가요? (   )

내용 이해하기

① 화장품을 고를 때 성분을 꼼꼼히 확인하는 어린이
② 화장품 사용 전 손을 깨끗하게 씻는 어린이
③ 화장품 사용 기한이 지나도 환경을 위해 끝까지 다 쓰고 버리는 어린이
④ 화장품 구입 전 겉면의 KC 인증 마크를 확인하는 어린이

20 다음은 소리는 닮았으나 뜻은 다른 두 단어입니다. 두 단어의 뜻이 다음과 같을 때 동영상 속 ㉠에 들어갈 말로 적절한 것을 골라 보세요. (지양 / 지향)

어휘 알기

지양하다: 더 높은 단계로 오르기 위하여 어떠한 것을 하지 아니하다.
예 환경 오염을 줄이기 위해 일회용품 사용을 지양해야 합니다.

지향하다: 어떤 목표로 뜻이 쏠리어 향하다.
예 우리 회사는 고객 만족을 지향합니다.

> 신문 기사

풀잎 신문

2025년 11월 3일

달콤 바삭 탕후루, 과다 섭취 시 ㉠<u>어린이 건강 '적신호'</u>

맛있다고 무턱대고 많이 먹었다간 위험
혈당 스파이크는 물론 각종 합병증 불러와

화려한 색감부터 반짝이는 광택까지. 어린이들 사이에서 탕후루의 인기가 뜨겁다. 하지만 탕후루는 당 함량이 높은 간식인 만큼 너무 자주 섭취할 경우 건강에 **악영향**을 끼칠 수 있다.

우리 몸은 식사 후 높아진 혈당을 낮추기 위해 인슐린을 분비한다. 하지만 당을 자주 섭취하면 인슐린이 반복적으로 분비되며, 점차 인슐린에 둔감해지는 '인슐린 저항성'이 생긴다. 이로 인해 인슐린이 제대로 작용하지 못하고 식사 후 혈당이 급격히 오르는 '혈당 스파이크' 현상이 나타난다.

혈당 스파이크는 가짜 배고픔, 당 중독, 수면 장애, 기억력과 집중력 저하 등을 유발한다. 성장기에 이런 증상이 나타나면 성인이 되어서도 이어질 수 있고, 심혈관 질환, 당뇨, 비만 등 합병증 발병의 위험을 높이기 때문에 유의해야 한다.

' ㉡ '은(는) 말이 있듯, 어린 시절 자리 잡은 식습관은 고치기 어렵다. 무분별한 간식의 섭취로 불균형한 식단에 노출되지 않도록, 달콤한 간식도 적당히 섭취하는 것이 중요하다는 사실을 잊지 말아야 한다.

다음 단어에 공통으로 들어가는 글자에 동그라미를 치고, 단어의 뜻을 찾아 선으로 연결해 보세요.

한자어 익히기

惡
악할 악

① 악영향(惡影響) •
② 선악(善惡) •
③ 악취(惡臭) •
④ 악몽(惡夢) •

• ㉮ 착한 것과 나쁜 것
• ㉯ 불쾌한 냄새
• ㉰ 나쁜 영향
• ㉱ 불길하고 무서운 꿈

왼쪽의 신문 기사를 읽고, 아래 내용이 맞으면 O, 틀리면 X 표시를 하세요.

내용 이해하기

○ 혈당이 낮아지면 우리 몸에서 인슐린이 분비된다. (   )
○ 혈당 스파이크는 식사 후 혈당이 급격하게 올라가는 것을 의미한다. (   )

신문 기사 속 ㉠의 의미로 가장 적절한 것은 무엇인가요? (   )

추론하기

① 어린이의 건강이 위험하다.
② 어린이는 건강하다.
③ 어린이의 건강은 중요하다.
④ 어린이의 건강을 챙겨야 한다.

신문 기사 속 ㉡에 들어갈 속담으로 가장 적절한 것을 고르세요. (   )

추론하기

① 바늘 도둑이 소도둑 된다.
② 고래 싸움에 새우등 터진다.
③ 세 살 버릇, 여든까지 간다.
④ 소 잃고 외양간 고친다.

카드 뉴스

자연의 변화에서 얻은 가르침

개구리가 울면 비가 온다

개구리는 피부로 숨을 쉬는데, 공기 중에 습도가 높아지면 숨쉬기가 불편해진다. 호흡이 불편해진 개구리는 평소보다 큰 소리로 많이 울면서 호흡량을 늘리게 된다. 따라서 개구리가 큰 소리로 울면, 습도가 높아 비가 올 확률이 높다.

제비가 낮게 날면 비가 온다

공기 중에 습도가 높아지면 곤충들은 비가 올 것을 예상하고 활동을 줄이고 비를 피해 숨는다. 따라서 곤충을 먹고 사는 제비가 먹이를 찾기 위해 낮게 난다면, 습도가 높아 비가 올 확률이 높다.

거미가 줄을 치면 하늘이 맑다

거미는 기압이 낮고 날씨가 흐리면 거미줄을 치지 않는다. 비가 내려 거미줄이 망가질 가능성이 높기 때문이다. 따라서 거미가 줄을 치기 시작했다면 기압이 높고 날씨가 맑을 확률이 높다.

눈 밟는 소리가 크면 추워진다

눈 밟는 소리가 큰 이유는 가루눈이 쌓였기 때문이다. 가루눈은 날씨가 추울 때 만들어지며 밟으면 딱딱한 알갱이가 부서져 사각사각 소리가 난다.

밥알이 식기에 붙으면 맑고, 떨어지면 비가 온다

맑은 날은 습도가 낮아 건조하기 때문에 밥알이 그릇에 붙어서 잘 떨어지지 않고, 흐린 날은 습도가 높아 밥알이 그릇에서 잘 떨어진다. 즉, 밥알의 상태로 습도와 날씨를 예측할 수 있다.

25 다음 단어에 공통으로 들어가는 글자에 동그라미를 치고, 단어의 뜻을 찾아 선으로 연결해 보세요.

① 기압(氣壓) • • ㉮ 누르는 힘
② 압력(壓力) • • ㉯ 공기의 무게 때문에 땅이 **눌리는** 힘
③ 압박(壓迫) • • ㉰ 강한 힘으로 내리 **누름**

26 왼쪽의 카드 뉴스를 읽고, 아래 내용이 맞으면 O, 틀리면 X 표시를 하세요.

- 기압이 낮으면 비가 내릴 확률은 높다. (   )
- 습도가 높으면 날씨가 맑을 확률이 높다. (   )

27 왼쪽 카드 뉴스를 읽고 난 사람들의 반응으로 가장 거리가 먼 것은 무엇인가요? (   )

① 개구리가 큰 소리로 우는 걸 보니, 습도가 높은가 봐.
② 제비가 낮게 나는 걸 보니, 습도가 낮은가 봐.
③ 눈 밟는 소리가 큰 걸 보니, 곧 추워지겠네.
④ 밥알이 밥그릇에 붙어 잘 떨어지지 않는 걸 보니, 공기가 건조하겠네.

28 다음은 왼쪽 카드 뉴스를 읽고 풀잎이와 친구가 나눈 대화입니다. 빈칸에 적절한 말을 써넣어 보세요.

풀잎: 주위의 변화를 세심하게 관찰해 □□를(을) 예측했네.
친구: 맞아. 그 안에 담긴 과학적 원리를 알고 나니까 조상들의 슬기와 지혜가 더 대단하게 느껴져.

정답

1 WEEK

1일 차 디지털 화면 11쪽
1. (한자어 익히기)
   ①-㉡, ②-㉢, ③-㉠
2. (내용 이해) X, O
3. (추론) ③
4. (적용) ①

2일 차 안내문 13쪽
1. (한자어 익히기)
   ①-㉢, ②-㉠, ③-㉡
2. (내용 이해) X, X
3. (내용 이해) ②-①-④-③
4. (적용) ④

3일 차 가정 통신문 15쪽
1. (한자어 익히기)
   ①-㉢, ②-㉠, ③-㉡
2. (내용 이해) X, O
3. (추론) ③
4. (적용) ①

4일 차 설명서 17쪽
1. (한자어 익히기)
   ①-㉢, ②-㉠, ③-㉡
2. (내용 이해) X, O
3. (추론) ①
4. (적용) 하단-짧아짐-빠르게

5일 차 동영상 19쪽
1. (한자어 익히기)
   ①-㉢, ②-㉡, ③-㉠
2. (내용 이해) X, O
3. (어휘) ④
4. (적용) ①

6일 차 신문 기사 21쪽
1. (한자어 익히기)
   ①-㉢, ②-㉠, ③-㉡
2. (내용 이해) O, O
3. (적용) ③
4. (적용) ④

2 WEEK

1일 차 키오스크 25쪽
1. (한자어 익히기)
   ①-㉢, ②-㉡, ③-㉠
2. (내용 이해) O, X
3. (어휘) ②
4. (내용 이해) ③
5. (적용) ④

2일 차 안내문 27쪽
1. (한자어 익히기)
   ①-㉡, ②-㉠, ③-㉢
2. (내용 이해) O, O
3. (내용 이해) ③
4. (내용 이해) ㉡-㉠-㉢

3일 차 가정 통신문 29쪽
1. (한자어 익히기)
   ①-㉠, ②-㉢, ③-㉡
2. (내용 이해) O
3. (내용 이해) ③
4. (적용) ①

4일 차 설명서 31쪽
1. (한자어 익히기)
   ①-㉠, ②-㉡, ③-㉢
2. (내용 이해) O, X
3. (내용 이해) ①
4. (적용) ③

5일 차 동영상 33쪽
1. (한자어 익히기)
   ①-㉠, ②-㉢, ③-㉡
2. (내용 이해) O, X
3. (추론) ④
4. (추론) ①

6일 차 신문 기사 35쪽
1. (한자어 익히기)
   ①-㉠, ②-㉢, ③-㉡
2. (내용 이해) O, O
3. (추론) ④
4. (추론) ②

3 WEEK

1일 차 디지털 화면 39쪽
1. (한자어 익히기)
   ①-㉡, ②-㉠, ③-㉢
2. (내용 이해) O, O
3. (추론) ③
4. (적용) ①

2일 차 안내문 41쪽
1. (한자어 익히기)
   ①-㉢, ②-㉣, ③-㉠, ④-㉡
2. (내용 이해) X, O
3. (내용 이해) ①
4. (어휘) 상비약

3일 차 가정 통신문 43쪽
1. (한자어 익히기)
   ①-㉢, ②-㉠, ③-㉡
2. (내용 이해) O, X
3. (내용 이해) ③
4. (적용) ①

4일 차 설명서 45쪽
1. (한자어 익히기)
   ①-㉡, ②-㉠
2. (어휘) 3, 6
3. (적용) ①
4. (적용) 변하였다

5일 차 동영상 47쪽
1. (한자어 익히기)
   ①-㉢, ②-㉡, ③-㉠
2. (내용 이해) X, X
3. (추론) ④
4. (추론) ③

6일 차 신문 기사 49쪽
1. (한자어 익히기)
   ①-㉠, ②-㉡, ③-㉢
2. (내용 이해) O, O
3. (어휘) 무덥다, 포근하다, 싸늘하다
4. (추론) ①

4 WEEK

1일 차 카드 뉴스 53쪽
1. (한자어 익히기)
   ①-㉮, ②-㉯
2. (내용 이해) O, X
3. (내용 이해) ②
4. (내용 이해) ③

2일 차 안내문 55쪽
1. (한자어 익히기)
   ①-㉯, ②-㉮, ③-㉰
2. (내용 이해) X, X
3. (추론) ②
4. (추론) ①

3일 차 가정 통신문 57쪽
1. (한자어 익히기)
   ①-㉯, ②-㉰, ③-㉮
2. (내용 이해) X, O
3. (추론) ①
4. (적용) ②

4일 차 설명서 59쪽
1. (한자어 익히기)
   ①-㉰, ②-㉱, ③-㉯, ④-㉮
2. (내용 이해) X, O
3. (내용 이해) ③
4. (추론) ①

5일 차 동영상 61쪽
1. (한자어 익히기)
   ①-㉮, ②-㉰, ③-㉯, ④-㉱
2. (내용 이해) O, X
3. (추론) ③
4. (적용) ④

6일 차 신문 기사 63쪽
1. (한자어 익히기)
   ①-㉮, ②-㉱, ③-㉯, ④-㉰
2. (내용 이해) X, O
3. (어휘) ①
4. (어휘) ④

5 WEEK

1일 차 블로그 67쪽
1. (한자어 익히기)
   ①-㉯, ②-㉰, ③-㉮
2. (내용 이해) X, O
3. (추론) ③
4. (추론) ②

2일 차 안내문 69쪽
1. (한자어 익히기)
   ①-㉯, ②-㉮
2. (내용 이해) O, X
3. (적용) 벼➡메뚜기➡개구리➡매
4. (내용 이해) ④

3일 차 가정 통신문 71쪽
1. (한자어 익히기)
   ①-㉯, ②-㉮, ③-㉰
2. (내용 이해) X, O
3. (내용 이해) ②
4. (적용) ②

4일 차 설명서 73쪽
1. (한자어 익히기)
   ①-㉯, ②-㉮, ③-㉰
2. (내용 이해) O, O
3. (적용) 왼-위, 오른-위
4. (추론) ③

5일 차 동영상 75쪽
1. (한자어 익히기)
   ①-㉮, ②-㉯
2. (내용 이해) O, X
3. (내용 이해) ①-ㄴ, ②-ㄱ
4. (내용 이해) ③

6일 차 신문 기사 77쪽
1. (한자어 익히기)
   ①-㉰, ②-㉮, ③-㉯
2. (내용 이해) O, X
3. (추론) ③
4. (추론) ④

문해력 실전 테스트

1. (한자어 익히기)
   ①-㉯, ②-㉰, ③-㉮
2. (내용 이해) O
3. (추론) ②
4. (적용) ④
5. (한자어 익히기)
   ①-㉰, ②-㉮, ③-㉯
6. (내용 이해) X, O
7. (내용 이해) ③
8. (추론) ④
9. (한자어 익히기)
   ①-㉰, ②-㉯, ③-㉮
10. (내용 이해) O, O
11. (추론) ①
12. (어휘) ①
13. (한자어 익히기)
    ①-㉰, ②-㉮, ③-㉯
14. (내용 이해) O, X
15. (적용) 57%
16. (추론) 적게
17. (한자어 익히기)
    ①-㉮, ②-㉯, ③-㉰
18. (내용 이해) O, O
19. (내용 이해) ③
20. (어휘) 지양
21. (한자어 익히기)
    ①-㉰, ②-㉮, ③-㉯, ④-㉱
22. (내용 이해) X, O
23. (추론) ①
24. (추론) ③
25. (한자어 익히기)
    ①-㉯, ②-㉮, ③-㉰
26. (내용 이해) O, X
27. (내용 이해) ②
28. (추론) 날씨

'우천 시'가 어디냐고 묻는 초등학생을 위한
똑똑한 과학 문해력

초판 1쇄 발행 2025년 9월 10일

글쓴이 박소연 | **그린이** 김푸른

펴낸이 홍석 | **이사** 홍성우 | **편집부장** 이정은 | **편집** 오미현, 조유진, 노한나
외주편집 정다운 편집실 | **디자인** 이한나, 김영주 | **외주디자인** 양X호랭 DESIGN
마케팅 이송희, 최은서 | **제작** 홍보람 | **관리** 최우리, 정원경, 조영행
펴낸곳 도서출판 풀빛 | **등록** 1979년 3월 6일 제2021-000055호 | **제조국** 대한민국 | **사용연령** 8세 이상
주소 서울특별시 강서구 양천로 583 우림블루나인 A동 21층 2110호
전화 02-363-5995(영업) 02-362-8900(편집) | **팩스** 070-4275-0445
전자우편 kids@pulbit.co.kr | **홈페이지** www.pulbit.co.kr
블로그 blog.naver.com/pulbitbooks | **인스타그램** instagram.com/pulbitkids

ISBN 979-11-94636-59-5 73700

ⓒ박소연 2025

이 책은 저작권법에 따라 보호받는 저작물이므로 무단 전재와 복제를 금지하며,
이 책의 전체 혹은 일부 내용을 인공지능 기술 교육을 목적으로 입력, 제공하거나 기타 방식으로 사용하는 것을 금합니다.
이 책 내용의 전부 또는 일부를 이용하려면 반드시 저작권자와 도서출판 풀빛의 서면 동의를 받아야 합니다.

※ 책값은 뒤표지에 표시되어 있습니다. 파본이나 잘못된 책은 구입하신 곳에서 바꿔 드립니다.
※ 종이에 베이거나 긁히지 않도록 조심하세요. 책 모서리가 날카로우니 던지거나 떨어뜨리지 마세요.